中华经典藏书

围炉夜话

[清]王永彬 著

北方文艺出版社

图书在版编目（CIP）数据

围炉夜话 /（清）王永彬著 . -- 哈尔滨：北方文艺出版社，2019.3（2021.3 重印）

ISBN 978-7-5317-4321-7

Ⅰ . ①围… Ⅱ . ①王… Ⅲ . ①个人 – 修养 – 中国 – 清代 Ⅳ . ① B825

中国版本图书馆 CIP 数据核字（2018）第 159249 号

围炉夜话

Weilu Yehua

作　者 /［清］王永彬

责任编辑 / 王　爽　张　帝　　封面设计 / 费文亮

出版发行 / 北方文艺出版社　　邮　编 / 150008

发行电话 /（0451）86825533　　经　销 / 新华书店

地　址 / 哈尔滨市南岗区宣庆小区 1 号楼　　网　址 / www.bfwy.com

印　刷 / 三河市南阳印刷有限公司　　开　本 / 880mm × 1230mm　1/32

字　数 / 200 千　　印　张 / 9

版　次 / 2019 年 3 月第 1 版　　印　次 / 2021 年 3 月第 2 次印刷

书　号 / ISBN 978-7-5317-4321-7　　定　价 / 29.00 元

目录

序

寒夜围炉，田家妇子之乐也。顾篝灯坐对[1]，或默默然无一言，或嘻嘻然言非所宜言，皆无所谓乐，不将虚此良夜乎？余识字农人也，岁晚务闲，家人聚处，相与烧煨山芋[2]，心有所得，辄述诸口，命儿辈缮写存之[3]，题曰《围炉夜话》。但其中皆随得随录，语无伦次且意浅辞芜[4]，多非信心之论，特以课家人消永夜耳[5]，不足为外人道也。倘蒙有道君子惠而正之，则幸甚。

咸丰甲寅二月既望王永彬书于桥西馆之一经堂

【注释】

［1］顾：但是。篝灯：置灯于笼中。篝，指篝火。燃火而以笼罩其上。

［2］煨：把生的食物放在带火的灰里烧熟。

［3］缮写：誊写，编录。

［4］芜，繁杂。

[5] 课：督促。

【译文】

在寒冷的夜晚围坐炉旁，这是农家夫妇儿女的乐事。但是笼上灯火相对而坐，有时默默地一言不发，有时嘻嘻笑闹说不应该说的话，这些都不是所谓的“欢乐”，不是将会虚度这样美好的夜晚吗？我是个识字的农民，一年到了年底农活闲下来，和家人团聚，一起烧煨山芋，心中想到什么，就随口说出来，让孩子们记录编写并留存起来，起名叫《围炉夜话》。只是其中的内容都是随想随记，语言杂乱没有条理，而且意味浅近言辞杂乱，大多不是虔敬深奥的言论，只不过是督促家里人消磨长夜罢了，不值得对外人说讲。倘若能得到见识高明的君子纠正，那就太幸运了。

咸丰四年二月十六日王永彬写在桥西馆的一经堂

第一则

教子弟于幼时[1]，便当有正大光明气象[2]；检身心于平日，不可无忧勤惕厉功夫[3]。

【注释】

［1］子弟：古时对于后辈的统称。

［2］检：反省，检省。

［3］惕厉：警惕，激励。

【译文】

在后辈们年幼时就开始进行正确的教导，他们才会有坦荡正派的精神气质；在平时的生活中就时常对自己的身心进行反思检讨，不能没有忧勤戒惧的修身功夫。

第二则

与朋友交游[1]，须将他好处留心学来，方能受益；对圣贤言语，必要我平时照样行去，才算读书。

【注释】

［1］交游：交际，结交朋友。

【译文】

与朋友交往，需要留心学到他们的长处，这样才能从中获益；对于圣贤的言辞教导，必须要在平时去效仿实践，这样才算是真正的读书。

第三则

贫无可奈惟求俭，拙亦何妨只要勤。

【译文】

贫贱寒微到无可奈何之时，唯有勤俭持家；资质愚钝也不要紧，只须勤恳付出。

第四则

稳当话[1]，却是平常话，所以听稳当话者不多；本分人[2]，即是快活人，无奈做本分人者甚少。

【注释】

［1］稳当：稳妥可靠。

［2］本分：安分守己。

【译文】

稳妥可靠的话，反而是平凡无奇的话，所以能听取牢靠话的人不多；安分守己的人，就是快乐自在的人，可惜能做到安分守己的人很少。

第五则

处事要代人作想，读书须切已用功。

【译文】

处理事情时要替他人着想，读书时要自己踏踏实实地下工夫去读。

第六则

一“信”字是立身之本[1]，所以人不可无也；一“恕”字是接物之要[2]，所以终身可行也。

【注释】

[1] 信：诚实。

[2] 恕：宽容。

【译文】

一个“信”字是为人处世的根本，所以做人不能没有诚信；一个“恕”字是与人交往的关键，所以终身都应该奉行。

第七则

人皆欲会说话，苏秦乃因会说话而杀身[1]；人皆欲多积财，石崇乃因多积财而丧命[2]。

【注释】

［1］苏秦（？—前317）：战国时期外交家，东周洛阳（今属河南）人，字季子。有口才，善辞令。初说秦惠王吞并天下，不纳，后游说燕、赵、韩、魏、齐、楚等国，合纵抗秦，佩六国相印，为纵约之长，迫使秦废帝号，归还所攻占韩、魏两国的部分领土。后合纵之约为另一纵横家张仪所破，苏秦遂至齐为客卿，与齐大夫争宠，被处死。

［2］石崇（249—300）：晋朝著名富豪，南皮（今属河北）人，字季伦，历任散骑常侍、荆州刺史等职。曾劫掠远使客商，积攒钱财无数，在洛阳修金谷园，奢靡成风，与贵戚王恺、杨琇等以奢侈相尚，争富斗气。与潘岳、陆机、陆云等人号称二十四友。后八王之乱，永康元年被贾

后党羽免官，后来为孙秀借故杀死。

【译文】

人人都希望有好口才，但苏秦就是因为能言善辩而招来杀身之祸；人人都想多积攒财物，但石崇却正是因为聚财太多而命丧黄泉。

第八则

教小儿宜严，严气足以平躁气[1]；待小人宜敬[2]，敬心可以化邪心[3]。

【注释】

［1］严气：严正之气。

［2］小人：识见浅薄、人格卑鄙之人。

［3］敬心：敬重的心态。邪心：不符合道德规范的心态。

【译文】

教导孩子应该严格，严正之气足以平复他们的浮躁之气；对待小人应该敬重，敬重的心态化解他们不正的心术。

第九则

善谋生者，但令长幼内外勤修恒业[1]，而不必富其家；善处事者，但就是非可否审定章程[2]，而不必利于己。

【注释】

[1] 长幼内外：泛指男女尊卑长幼。恒业：固定的产业、职业。

[2] 就：根据。

【译文】

善于谋生的人，只须让家中老少勤劳尽心地经营产业，而不是一定要让家族大富大贵；善于处事的人，只是根据是非曲直来评审章程，而不是一定要对自己有利。

第一〇则

名利之不宜得者竟得之，福终为祸；困穷之最难耐者能耐之，苦定回甘。生资之高在忠信[1]，非关机巧[2]；学业之美在德行，不仅文章。

【注释】

［1］生姿：姿态，风度。

［2］机巧：机变取巧。

【译文】

不应得到的功名利禄却得到了，福终将转化成祸；最难忍受的贫穷困苦忍耐过来了，苦必定会转变成甜。为人姿态风度之高在于忠诚守信，而并非机变取巧；成就学业之美在于德行高尚，不只是妙笔文章。

第一一则

风俗日趋于奢淫[1]，靡所底止[2]，安得有敦古朴之君子[3]，力挽江河；人心日丧其廉耻，渐至消亡，安得有讲名节之大人[4]，光争日月[5]。

【注释】

［1］奢淫：奢侈淫靡。

［2］靡：没有。底：尽头。

［3］敦：敦厚。

［4］大人：德行高尚、志行高远的人。

［5］光争日月：可与日月争辉。

【译文】

社会风气越来越趋向于奢侈淫靡，没有停止的迹象，怎样才能求得敦厚古朴的君子们，来拯救这江河日下的局面；世人的廉耻之心在渐渐丧失，已经到了消失灭亡的程度，怎样才能够出现讲求名誉、气节的人们，像日月一样普照世间。

第一二则

人心统耳目官骸[1]，而于百体为君[2]，必随处见神明之宰[3]；人面合眉眼鼻口，以成一字曰苦（两眉为草，眼横鼻直而下承口，乃苦字也），知终身无安逸之时。

【注释】

[1] 统：统领，管理。

[2] 百体：指人体所有器官。

[3] 神明：指人的精神、心思明智如神。

【译文】

人的心统领着五官和身体，在人的所有器官中居于首要地位，必须随时随地体现出明智的心神作为主宰；人的脸是集合眉、眼、鼻、口而成形，恰巧组一个“苦”字（若将两眉当做是部首的草字头，把两眼看成一横，鼻子为一竖，下面承接着口，正是一个苦字），可知人的一生苦多乐少，始终没有安闲享乐的时候。

第一三则

伍子胥报父兄之仇而郢都灭[1]，申包胥救君上之难而楚国存[2]，可知人心之恃也[3]；秦始皇灭东周之岁而刘季生[4]，梁武帝灭南齐之年而侯景降[5]，可知天道好还也[6]。

【注释】

[1] 伍子胥（？—前522）：春秋时期军事家，楚国人，名员。父兄被楚平王杀害，他投奔吴国，吴国封以申地，因此被称为申胥。他发誓灭楚，和孙武共同辅佐吴王阖闾伐楚，五战之后攻破楚国都城，掘楚平王之墓，鞭尸三百以复仇。后来吴王夫差打败越国，越国求和，伍子胥进谏，夫差不从，听信谗言，逼迫伍子胥自杀。

[2] 申包胥：春秋时期楚国大夫，又名棼冒勃苏，与伍子胥友好。伍子胥因为父兄被害，逃奔吴国，对申包胥说自己一定要灭掉楚国，申包胥表示自己一定能兴复楚国。后来伍子胥伐楚攻入郢都，申包胥到秦国求救，于秦

廷痛哭七个昼夜，秦国最终出兵救楚，打败吴军，楚昭王要赏赐，申包胥逃走不接受。

[3] 恃：依靠，凭借。

[4] 灭东周者为秦昭襄王，不是秦始皇，作者记载有误。刘季，即汉高祖刘邦，字季。

[5] 梁武帝，萧衍（464—549），南兰陵郡武进县东城里（今江苏丹阳）人。汉相国萧何第二十五世孙。在位初期颇有政绩，晚年奢靡而佞佛，后在“侯景之乱”中被困死在台城。侯景（503—552），南朝梁怀朔镇（今内蒙古固阳东北）人，字万景。初为北朝尔朱荣手下将领，后来归高欢。高欢死后，依附梁，被梁封为河南王。后来起兵叛乱，攻破建康，将梁武帝萧衍在台城困死。侯景自立，称汉帝。他率军到处烧杀抢掠，长江下游地区深受其害，史称“侯景之乱”。后来被梁朝大将陈霸先、王僧辩击败，逃亡时被部下所杀。

[6] 天道好还：指天理循环，报应不爽，天可以主持公道，善恶终有报应。

【译文】

伍子胥发誓为父兄报仇并最终攻破楚国都城郢都，申包胥救楚国君王于危难并最终保全了楚国，由此可以知道人的内心力量之大是足以凭依的；秦始皇灭掉东周之际刘邦出生，梁武帝灭掉南齐之时侯景降世，由此可以知道天理循环，报应不爽。

第一四则

有才必韬藏[1]，如浑金璞玉[2]，暗然而日章也[3]；为学无间断，如流水行云，日进而不已也[4]。

【注释】

[1] 韬藏：深藏不露。

[2] 浑金璞玉：比喻天然美质，未加修饰，用来形容人的品质淳朴善良。

[3] 暗然：昏暗的样子。章：显明。此义后常写作“彰”。

[4] 已：停止。

【译文】

有才学一定要深藏不露，就像天然金玉的美质一样不加修饰，起初黯淡但会日渐彰显；做学问不能间断，要如行云流水一般连贯流畅，进展就会日强一日而不停歇。

第一五则

积善之家，必有余庆；积不善之家，必有余殃[1]。可知积善以遗子孙，其谋甚远也。贤而多财，则损其志；愚昧而多财，则益其过[2]。可知积财以遗子孙，其害无穷也。

【注释】

[1] 积善之家，必有余庆；积不善之家，必有余殃：语出《易·坤·文言》。

[2] 贤而多财，则损其志；愚昧而多财，则益其过：语出司马光《资治通鉴·汉纪十七》

【译文】

多做善事的家族，一定会给子孙积累福泽；多做恶事的家族，必然会给子孙留下祸患。由此可知，多做善事来为子孙造福，这种谋虑是非常深远的。若是子孙有才能而且多聚财物，就会损抑子孙的志向；若是子孙为人不明事理并且多聚财物，就会助长子孙的过失。由此可知，积聚财物留给子孙，带来的祸害是无穷无尽的。

第一六则

每见待弟子严厉者易至成德[1]，姑息者多有败行[2]，则父兄之教育所系也[3]。又见有弟子聪颖者忽入下流，庸愚者较为上达[4]，则父兄之培植所关也[5]。人品之不高，总为一“利”字看不破；学业之不进，总为一“懒”字丢不开。德足以感人，而以有德当大权[6]，其感尤速[7]；财足以累己，而以有财处乱世，其累尤深。

【注释】

[1] 成德：培养出有德行的人。

[2] 败行：不良的德行。

[3] 系：关系。

[4] 上达：上进，向上发展。

[5] 培植：培养，教育。

[6] 当：担当，担任。

[7] 感：感化。

【译文】

常常能看到，那些对后辈子弟要求严格的家族，更容易培养出有德行的人，对后辈子弟无原则宽容的家族，便多有败坏道德的人，这些都与父兄的教导方式有关。我们还能看到后辈子弟中一些资质聪慧的忽然陷入低劣的品行，一些资质平庸愚鲁的较为上进，这也与父兄的培养教育有关。人的品行不高尚，总是因为看不破一个“利”字；人的学业不长进，总是因为丢不开一个“懒”字。德行可以感化众人，而让德行高尚的人掌握大权，带来的感化效果会更快；财物足以连累自身，而让拥有丰厚财物的人身处乱世，带来的负担会更重。

第一七则

读书无论资性高低，但能勤学好问，凡事思一个所以然，自有义理贯通之日[1]；立身不嫌家世贫贱，但能忠厚老成，所行无一毫苟且处[2]，便为乡党仰望之人[3]。

【注释】

[1] 义理：指讲求儒家经义的学问。

[2] 苟且：马虎，敷衍。

[3] 乡党：泛指同乡、乡亲。

【译文】

读书不管天资高低，只要能做到勤学好问，凡事都想想原因，自然会有透彻理解儒家经义的一天；为人处世别嫌弃家境贫寒，只要能够做到忠厚老成，行为没有丝毫敷衍，就能成为同乡们所仰仗和尊重的人。

第一八则

孔子何以恶乡愿[1]，只为他似忠似廉，无非假面孔；孔子何以弃鄙夫[2]，只因他患得患失，尽是俗人心肠。

【注释】

［1］恶：厌恶，讨厌。乡愿：貌似忠厚，而实与流俗合污的伪善者。

［2］鄙夫：粗鄙浅薄的人。

【译文】

孔子为什么厌恶伪善的人？因为他们只是看起来忠厚廉洁，实际上都是假面具；孔子为什么厌弃浅薄的人？因为他们总是把个人得失看得太重，尽是庸俗的心思。

第一九则

打算精明[1]，自谓得计[2]，然败祖父之家声者[3]，必此人也；朴实浑厚，初无甚奇，然培子孙之元气者[4]，必此人也。

【注释】

[1] 打算精明：这里指投机取巧。

[2] 得计：计谋得逞。

[3] 家声：家族的声望。

[4] 元气：指人的精神。

【译文】

投机取巧，以为自己的计谋得逞，然而败坏祖辈家世名声的，必定是这样的人；朴实敦厚，起初平平无奇，然而能培养子孙后代浩然正气，一定是这样的人。

第二〇则

心能辨是非，处事方能决断；人不忘廉耻，立身自不卑污。

【译文】

心中能够明辨是非曲直，处理事情才能果断坚决；做人能够不忘记廉耻，为人处世自然不会卑鄙肮脏。

第二一则

忠有愚忠[1]，孝有愚孝[2]，可知“忠孝”二字，不是伶俐人做得来；仁有假仁，义有假义，可知仁义两行[3]，不无奸恶人藏其内。

【注释】

[1] 愚忠：不明事理的忠心。

[2] 愚孝：不明事理的孝心。

[3] 两行：两种行为。

【译文】

有不明事理的忠，有愚昧不清的孝，要知道“忠孝”两个字，不是聪明机巧的人能做到的；有虚伪做作的仁，有装模作样的义，要知道仁义两种行为，也有奸佞邪恶的人藏在其中。

第二二则

权势之徒，虽至亲亦作威福[1]，岂知烟云过眼[2]，已立见其消亡；奸邪之辈，即平地亦起风波[3]，岂知神鬼有灵，不肯听其颠倒[4]。

【注释】

[1] 作威福：即作威作福。形容当权者妄自尊大，滥用权势，横行霸道。

[2] 烟云过眼：像烟云在眼前一晃而过。比喻事物很快就成为过去。

[3] 平地亦起风波：比喻无端生事。

[4] 颠倒：上下倒置。比喻对一般事物的错置。

【译文】

争权夺势之人，即便是对最亲近的人也会作威作福，没想过自己手中的权势就像烟云一样转瞬即逝，很快消亡；奸佞邪恶的人，即便是没事也会想办法制造事端，怎么知道鬼神在天有灵，不会听任他们颠倒是非。

第二三则

自家富贵，不着意里[1]，人家富贵，不着眼里[2]，此是何等胸襟！古人忠孝，不离心头，今人忠孝，不离口头，此是何等志量[3]！

【注释】

[1] 不着意里：不特别看重。

[2] 不着眼里：没有嫉妒心。

[3] 志量：志向与抱负。

【译文】

自己富贵，不放在心上，别人富贵，看着不嫉妒，这是多么宽广的胸怀和气度！古人对于忠孝，时刻牢记在心，现在的人对于忠孝，时刻挂在口，这是什么样的抱负和器量！

第二四则

王者不令人放生[1]，而无故却不杀生，则物命可惜也[2]；圣人不责人无过，惟多方诱之改过，庶人心可回也[3]。

【注释】

[1] 放生：将捕获的小动物放掉。

[2] 物命：万物的生命。可惜：值得爱惜。

[3] 庶：差不多。

【译文】

明君并不要求臣民将捕获的小动物放生，却不会无缘由地杀生，是因为万物的生命都值得被爱惜；圣人不苛求别人不犯错误，只是想各种办法引导他们改正过错，这样一来百姓的内心就能回转向善。

第二五则

大丈夫处事，论是非，不论祸福；士君子立言[1]，贵平正[2]，尤贵精详[3]。

【注释】

[1] 立言：著书立说。

[2] 平正：中正平和，不偏颇。

[3] 精详：精细周详。

【译文】

大丈夫处理事情，应当讲求是非曲直，而不管是祸是福；士君子著书立说，要重视中正平和，尤其崇尚精细周详。

第二六则

求科名之心者[1]，未必有琴书之乐；讲性命之学者[2]，不可无经济之才。

【注释】

[1] 科名：原指科举的名目。本文指科举考中取得的功名。

[2] 性命之学：即讲究生命形而上境界的学问。

【译文】

有求取科举功名心愿的人，不一定能享受琴棋书画的乐趣；讲究生命形而上境界学问的人，不能没有经世致用的才干。

第二七则

泼妇之啼哭怒骂，伎俩要亦无多[1]，惟静而镇之[2]，则自止矣；谗人之簸弄挑唆[3]，情形虽若甚迫[4]，苟淡然置之[5]，是自消矣[6]。

【注释】

[1] 伎俩：原来指技能，现在多用于贬义，指手段、花样。

[2] 镇：镇服。

[3] 簸弄：造谣生事，颠倒是非。挑唆：挑拨，搬弄是非。

[4] 迫：窘迫。

[5] 置：对待。

[6] 自消：自然就会消失。

【译文】

面对泼妇啼哭或者怒骂，应对手段并不多，只需用冷静的态度镇服她们，这些就自然会停止；谗佞小人造谣生事，表面上的状况虽然看起来让人窘迫，但是只要淡然处之，这种事端自然就会消失。

第二八则

肯救人坑坎中[1]，便是活菩萨[2]；能脱身牢笼外，便是大英雄。

【注释】

[1] 坑坎：指坎坷不平的道路，这里引申为糟糕的境遇。

[2] 菩萨：梵语菩提萨埵的简称，这里比喻心地善良，能救他人于急难中的人。

【译文】

愿意救助他人于急难的人，就是活菩萨；能摆脱世俗名利牢笼的人，就是大英雄。

第二九则

气性乖张[1]，多是夭亡之子[2]；语言深刻[3]，终为薄福之人。

【注释】

[1] 气性：气质性情。乖张：性情偏执、怪异。

[2] 夭亡：早死，未成年而死。

[3] 深刻：严峻，尖刻。

【译文】

气质性情偏执怪异，大多是短命夭亡的人；对人说话尖酸刻薄，终究是福分浅薄的人。

第三〇则

志不可不高，志不高，则同流合污，无足有为矣；心不可太大，心太大，则舍近图远，难期有成矣。

【译文】

志趣不可以不高尚，志趣不高的人，就会同流合污，不能有所作为；目标不可以太大，目标太大的人，就容易舍近图远，很难指望他有所成就。

第三一则

贫贱非辱，贫贱而谄求于人为辱[1]；富贵非荣，富贵而利济于世为荣[2]。讲大经纶，只是实实落落；有真学问，决不怪怪奇奇。

【注释】

[1] 谄：逢迎，献媚。

[2] 利济于世：泛指有益于世。

【译文】

贫贱并不是耻辱，贫贱却靠逢迎和献媚去求别人才是耻辱；富贵并不是荣耀，富贵的同时能造福于社会才是荣耀。讲求治理国家这种大学问的人，一直都会踏实认真；拥有真才实学的人，一定不会做不合常理的事。

第三二则

古人比父子为桥梓[1]，比兄弟为花萼[2]，比朋友为芝兰[3]，敦伦者[4]，当即物穷理也[5]；今人称诸生曰秀才，称贡生曰明经，称举人曰孝廉，为士者，当顾名思义也。

【注释】

［1］桥梓：又作“乔梓”，均为木名。用来比喻父子关系。

［2］花萼：花的组成部分之一，由若干萼片组成，包在花瓣外面，花开时托着花冠。

［3］芝兰：香草名，多用来比喻朋友。

［4］敦伦：原指古代婚礼的一个环节，含有指导新婚夫妇依礼行事的用意。

［5］即物穷理：程朱理学的重要范畴，即根据具体事物推究其道理。

【译文】

古人把父子比作桥木和梓木，把兄弟比作花和萼，把朋友比作芝与兰，所以敦睦人伦的人，应该根据具体事物推究其中的道理；现在的人把诸生称作秀才，把贡生称作明经，把举人称作孝廉，作为读书人，应该在看到这些名称的时候就联想到其中的含义。

第三三则

父兄有善行，子弟学之或不肖[1]；父兄有恶行，子弟学之则无不肖；可知父兄教子弟，必正其身以率之[2]，无庸徒事言词也[3]。君子有过行，小人嫉之不能容；君子无过行，小人嫉之亦不能容；可知君子处小人，必平其气以待之，不可稍形激切也[4]。

【注释】

［1］不肖：子不像父。

［2］率：做表率。

［3］无庸：不需要。徒事言词：仅仅使用言辞。

［4］激切：激烈直率。

【译文】

父辈和兄长有好的德行，后辈中可能有人学不像；父辈和兄长有不好的德行，后辈却没人学不像；由此可知，父辈兄长教育后辈，必须先端正自身的德行来做表率，不能只停留在言语教导上。君子有过失，小人因为嫉妒而不能包容；君子没有过失，小人同样因为嫉妒而不能容忍；由此可以知道君子与小人相处，必须平复自己的情绪来冷静对待，不能表现出激烈直率的言辞和态度。

第三四则

守身不敢妄为[1]，恐贻羞于父母[2]；创业还需深虑，恐贻害于子孙。

【注释】

［1］守身：保持自己的品德和节操。

［2］贻：遗留。

【译文】

洁身自爱不胡作非为，唯恐让父母蒙羞；开创事业需要深思熟虑，唯恐给子孙留下祸患。

第三五则

无论做何等人，总不可有势利气；无论习何等业，总不可有粗浮心。

【译文】

无论做什么样的人，都不能有以地位、财富区别对待他人的恶劣习惯；无论从事什么职业，都不能有粗疏和浮躁的心态。

第三六则

知道自家是何等身份[1]，则不敢虚骄矣；想到他日是那样下场，则可以发愤矣。

【注释】

［1］身份：原指人在社会上的地位、资历等，此处表示一个人的能力和素质。

【译文】

知道自己是什么样的资质，就不敢骄傲自大了；想象到将来是怎么样的下场，就会下定决心发愤努力了。

第三七则

常人突遭祸患，可决其再兴，心动于警励也[1]；大家渐及消亡[2]，难期其复振，势成于因循也[3]。

【注释】

[1] 警励：告诫，勉励。

[2] 大家：大户人家。

[3] 因循：沿袭。

【译文】

寻常人家突然遭遇灾难祸患，能拿定主意设法重新振兴，因为他们心中时常对自己进行告诫和勉励；大户人家走向败亡，难以期待他们能再次振兴，因为他们已经习惯了沿袭现状而不思进取。

第三八则

天地无穷期[1]，生命则有穷期，去一日便少一日；富贵有定数[2]，学问则无定数，求一分便得一分。

【注释】

［1］穷期：尽头，完结的时候。

［2］定数：气数，命运。

【译文】

天地没有尽头，人的生命却有尽头，过一天就少一天；富贵的家世被命运主宰，学问的多寡却与命运无关，学一分就多一分。

第三九则

处事有何定凭？但求此心过得去；立业无论大小，总要此身做得来。

【译文】

处理事务有什么固定的依据呢？只要良心上过得去就好；建立事业不论大小，总要自己能力可以做到才行。

第四〇则

气性不和平[1]，则文章事功俱无足取[2]；语言多矫饰[3]，则人品心术尽属可疑。

【注释】

［1］气性：气质，性情。

［2］文章事功：学问和事业上的成就。

［3］矫饰：造作夸张而掩盖本来面目。

【译文】

一个人的气质性情不能从容平和，那么他的学问和事业就都不能有所成就；一个人言语谈吐多有夸饰，那么他的人品和心术就都值得怀疑。

第四一则

误用聪明，何若一生守拙[1]；滥交朋友[2]，不如终日读书。

【注释】

［1］守拙：安于愚拙，清贫自守，不争名利。

［2］滥：不加选择，过度。

【译文】

把聪明才智用在不该用的地方，怎么比得上一生都安于清贫；不加选择地乱交朋友，还不如终日勤奋读书。

第四二则

看书须放开眼孔，做人要立定脚跟。

【译文】

读书要放开眼界和心胸，做人要坚定原则和立场。

第四三则

严近乎矜[1]，然严是正气[2]，矜是乖气[3]，故持身贵严[4]，而不可矜。谦似乎谄[5]，然谦是虚心[6]，谄是媚心[7]，故处世贵谦，而不可谄。

【注释】

[1] 严：严正，庄重。矜：矜持，自大。

[2] 正气：刚正的气节。

[3] 乖气：邪恶之气，不正之气。

[4] 持身：立身处世，对自身言行的把握。

[5] 谄：谄媚。

[6] 虚心：谦虚的心态。

[7] 媚心：逢迎的心态。

【译文】

严正和矜持看起来彼此类似，但严正是正气所产生的，而矜持则是邪气所导致的，所以立身处世贵在严正庄重，而不能矜持。谦恭和谄媚看起来彼此相似，但谦恭是虚心的表现，而谄媚则是出于逢迎的心态，所以处世贵在谦恭，而不能谄媚。

第四四则

财不患其不得，患财得而不能善用其财；禄不患其不来，患禄来而不能无愧其禄。

【译文】

不怕没得到财富，怕的是有了财富却不能好好使用；不怕没得到厚禄，怕的是有了厚禄却不能问心无愧地拥有。

第四五则

交朋友增体面，不如交朋友益身心；教子弟求显荣，不如教子弟立品行。

【译文】

与其通过结交朋友来给自己增添体面，不如通过结交朋友来助益自己的身心；与其教导后辈追求荣华富贵，不如教导后辈培养良好的品行。

第四六则

君子存心[1]，但凭忠信，而妇孺皆敬之如神，所以君子落得为君子[2]；小人处世，尽设机关[3]，而乡党皆避之若鬼，所以小人枉做了小人。

【注释】

[1] 存心：居心，谓心里怀有的意念。

[2] 落得：乐得，甘于去做。

[3] 机关：计谋，心机。

【译文】

君子的心中的意念，只凭着忠诚信实，即便是妇女孩童都会像敬重神明一样敬重他，因此君子乐得做君子；小人处世，到处都用心机计谋，即便是同乡都会像躲避鬼怪一样躲避他，所以小人白白做了小人。

第四七则

求个良心管我，留些余地处人。

【译文】

立身处世要用良心约束自己，与人相处要给别人留余地。

第四八则

一言足以召大祸[1]，故古人守口如瓶，惟恐其覆坠也[2]；一行足以玷终身，故古人饬躬若璧[3]，惟恐有瑕疵也。

【注释】

[1] 召：招致。

[2] 覆坠：倾覆，衰败。

[3] 饬躬若璧：自我修养得像白璧般无瑕，毫无污点。

【译文】

一句不谨慎的话足够招致大祸，所以古人守口如瓶，唯恐有倾覆衰败的危险；一次不谨慎的行为足够玷污一生清白，所以古人正己修身力求如同白璧，唯恐有一丝瑕疵。

第四九则

颜子之不较[1]，孟子之自反[2]，是贤人处横逆之方[3]；子贡之无谄[4]，原思之坐弦[5]，是贤人守贫穷之法[6]。

【注释】

[1] 颜子之不较：即颜回胸怀宽广，不计较。颜子：即颜回，孔子弟子，春秋末期鲁国人。

[2] 孟子之自反：即孟子常自我反省。孟子：战国时期邹国人，伟大的思想家、教育家。儒家学派的代表人物之一。

[3] 横逆：横暴无理的行为，也指恶势力。

[4] 子贡：孔子弟子，姓端木，名赐，春秋时期卫国人。以善于经商著称。

[5] 坐弦：安坐弹琴。

[6] 守贫穷之法：对待贫穷的方法。

【译文】

颜回对待冒犯到自己的人也不计较，孟子在被别人拒绝后还能进行自我反省，这些都是有贤德的人在与蛮横的人相处时的方法；子贡在贫穷时也不谄媚他人，原思在贫困时也能安坐弹琴，这是有贤德的人在对待贫穷时的方法。

第五〇则

观朱霞[1]，悟其明丽；观白云，悟其卷舒[2]；观山岳，悟其灵奇[3]；观河海，悟其浩瀚；则俯仰间皆文章也。对绿竹，得其虚心；对黄华[4]，得其晚节[5]；对松柏，得其本性[6]；对芝兰[7]，得其幽芳；则游览处皆师友也。

【注释】

[1] 朱霞：红色云霞。

[2] 卷舒：卷曲舒展。

[3] 灵奇：奇异灵秀。

[4] 黄华：菊花。

[5] 晚节：晚年的节操。

[6] 本性：固有的性质或个性。

[7] 芝兰：芝和兰，都是香草名。

【译文】

观赏红色云霞，能感悟其中的明净美好；观赏白云，能感悟其中的卷舒自如；观赏山岳，能感悟其中的奇异秀丽；观赏河海，能感悟其中广博浩大的气魄；那么即便在一低头一抬头的工夫也无处不是文章。面对绿竹，能领会它们的谦逊；面对菊花，能领会它们对晚节的重视；面对松柏，能领会它们对天性的坚持；面对芝兰，能领会它们芬芳的意旨；那么即便在游览赏玩的地方也无物不是师友。

第五一则

行善济人[1]，人遂得以安全，即在我亦为快意[2]；逞奸谋事[3]，事难必其稳便，可惜他徒自坏心。

【注释】

[1] 济人：救济和帮助别人。

[2] 快意：心情舒畅。

[3] 逞奸谋事：施展奸诈手段来图谋成事。

【译文】

做好事帮助别人，别人便能够因此得以平安保全，自己也会感觉心情舒畅；施展奸诈手段图谋成事，事情也难以得逞，可惜白白使坏心做了坏事。

第五二则

不镜于水[1]，而镜于人，则吉凶可鉴也[2]；不蹶于山[3]，而蹶于垤[4]，则细微宜防也。

【注释】

[1] 镜于水：用水当镜子。

[2] 鉴：观察，审察。

[3] 蹶：颠仆，跌倒。

[4] 垤：小土丘。

【译文】

不用水当镜子，而用人当镜子，那么就能观察出事情的吉凶；没在山前跌倒，却在小土堆前面跌倒，那么就应该防范带来祸患的细微之事。

第五三则

凡事谨守规模[1]，必不大错；一生但足衣食，便称小康。

【注释】

[1] 规模：制度；程式。

【译文】

做事谨慎守规矩，必定不会犯大错；一生只要能吃饱穿暖，便称得上小康。

第五四则

十分不耐烦，乃为人之大病；一味学吃亏，是处事之良方。

【译文】

总是不耐烦，是做人的大毛病；一直学吃亏，才是处事的好办法。

第五五则

习读书之业，便当知读书之乐；存为善之心，不必邀为善之名[1]。

【注释】

［1］邀：希求，求取。

【译文】

把读书当做志业，就应该明白读书的乐趣所在；存有做善事的心，不必求取做善事的名声。

第五六则

知往日所行之非，则学日进矣；见世人可取者多，则德日进矣。

【译文】

认识到自己以往行为的错误所在，那么学业就会日益进步；见识到别人身上值得学习的地方还有很多，那么德行就会日益进步。

第五七则

敬他人，即是敬自己；靠自己，胜于靠他人。

【译文】

尊重别人，就是尊重自己；凡事依靠自己，胜过依靠别人。

第五八则

见人善行，多方赞成；见人过举[1]，多方提醒，此长者待人之道也[2]。闻人誉言，加意奋勉[3]；闻人谤语，加意警惕，此君子修己之功也。

【注释】

[1] 过举：有过失的举动。

[2] 长者：年纪大且品德高尚的人。

[3] 加意：特别注意，特别用心。

【译文】

看到别人做好事，要多方面赞成；看到别人行为有过失，要多方面提醒，这就是长者对待他人的方式。听到别人赞美自己的话，更加用心发奋努力；听到别人批评自己的话，加倍用心反省自己，这就是君子修身正己的修为。

第五九则

奢侈足以败家，悭吝亦足以败家[1]。奢侈之败家，犹出常情；而悭吝之败家，必遭奇祸[2]。庸愚足以覆事[3]，精明亦足以覆事。庸愚之覆事，犹为小咎；而精明之覆事，必是大凶[4]。

【注释】

[1] 悭吝：吝啬。

[2] 奇祸：意想不到的灾祸。

[3] 覆事：断送事业。

[4] 小咎：小的过错。大凶：大的凶险。

【译文】

奢侈浪费足以败坏家业，而吝啬小气也足以败坏家业。因为奢侈浪费而败坏家业，尚且是寻常的情由；若因为吝啬小气而败坏家业，必定会遭受意想不到的灾祸。平庸愚钝足以断送事业，精明算计也足以断送事业。因为平庸愚钝而败坏事业，尚且是小的过错；但如果因为精明算计而败坏事业，则必定会有大的凶险。

第六〇则

种田人，改习尘市生涯[1]，定为败路；读书人，干与衙门词讼[2]，便入下流[3]。

【注释】

[1] 尘市：原指城镇、城市，这里泛指市场上的商务活动。

[2] 干与：参与。

[3] 下流：下品，劣等。

【译文】

本来以种田为生的人，转而从事市场上的商业活动，必然会走上一条衰败之路；本来以读书为志业的人，而去参与官府衙门的诉讼琐事，就会让自己落入了劣等的地位。

第六一则

常思某人境界不及我[1]，某人命运不及我，则可以自足矣；常思某人德业胜于我[2]，某人学问胜于我，则可以自惭矣。

【注释】

[1] 境界：境遇，境况。

[2] 德业：品德和事业。

【译文】

经常想某个人的境遇比不上自己，某个人的命运比不上自己，就能感到自我满足了；经常想某个人品德胜过自己，某个人学问胜过自己，就会感到内心惭愧了。

第六二则

读《论语》公子荆一章[1]，富者可以为法[2]；读《论语》齐景公一章[3]，贫者可以自兴。舍不得钱，不能为义士；舍不得命，不能为忠臣。

【注释】

[1]《论语》公子荆一章：出自《论语·子路》："子谓卫公子荆：善居室。始有，曰：'苟合矣。'少有，曰：'苟完矣。'富有，曰：'苟美矣。'"

[2] 法：模式，标准。

[3]《论语》齐景公一章：出自《论语·季氏》："齐景公有马千驷，死之日，民无德而称焉。伯夷、叔齐饿于首阳之下，民到于今称之。"

【译文】

读《论语》公子荆一章可知，富裕的人可以效仿公子荆对待财富的态度；读《论语》齐景公一章可知，贫穷的人可以从伯夷、叔齐对待穷困的态度中受到启发。舍不得钱财的人，不可能成为义士；不能舍生取义的人，不可能成为忠臣。

第六三则

富贵易生祸端，必忠厚谦恭，才无大患；衣禄原有定数，必节俭简省，乃可久延。

【译文】

富贵荣华容易招来祸患，必须保持忠厚谦恭，才能免除大的祸害；俸禄本来就有定数，必须节俭节约，才能保证长久。

第六四则

作善降祥，不善降殃，可见尘世之间已分天堂地狱；人同此心，心同此理，可见庸愚之辈不隔圣域贤关[1]。

【注释】

[1] 圣域：形容圣人的境界。

【译文】

做善事的人会得到福报，做恶事的人会招致灾祸，由此可以看到在尘世已经有了天堂和地狱的分别；人人都有这样的心思，人人的心思都认同这个道理，由此可见平庸愚鲁之辈和圣人们之间并没有绝对的隔阂。

第六五则

和平处事，勿矫俗以为高[1]；正直居心，勿设机以为智[2]。

【注释】

[1] 矫俗：故意标新立异。

[2] 设机：使用心机。

【译文】

要平和稳妥地处理事务，不能将故意标新立异当做高明手段；要保持正直公平的心态，不能把使用心机当做聪明才智。

第六六则

君子以名教为乐[1]，岂如嵇阮之逾闲[2]；圣人以悲悯为心[3]，不取沮溺之忘世[4]。

【注释】

[1] 名教：指以正名定分为中心的封建礼教。

[2] 嵇阮之逾闲：指三国时，蔑视礼教的嵇康、阮籍越出法度之外。

[3] 悲悯：对人间苦难有一种感同身受的哀伤与同情。

[4] 沮溺：长沮、桀溺，泛指隐士。

【译文】

君子把遵奉儒家名教当做乐事，怎能像嵇康、阮籍那样放荡悠闲得超出了法度；圣人把悲悯作为本心，不能像长沮、桀溺那样做了隐士而忘掉自己在世间的责任。

第六七则

纵子孙偷安[1]，其后必至耽酒色而败门庭[2]；教子孙谋利，其后必至争赀财而伤骨肉[3]。

【注释】

［1］偷安：只图眼前的安逸，不顾将来的祸患。

［2］耽：沉湎于。门庭：指家庭或门第。

［3］赀财：钱财，财物。

【译文】

纵容子孙后辈们只图眼前安逸，必然会导致他们沉湎于酒色而败坏家风；教育子孙后辈们只顾谋取利益，必然会导致后辈们争夺钱财而伤害骨肉亲情。

第六八则

谨守父兄教诲，沉实谦恭，便是醇潜子弟[1]；不改祖宗成法[2]，忠厚勤俭，定为悠久人家。

【注释】

[1] 醇潜：纯粹而深沉。

[2] 成法：原先的法令制度，老规矩，老方法。

【译文】

能够严格遵循父兄的教导，诚实谦恭，就是纯粹深沉的子弟；不改变祖宗的老规矩，忠厚勤俭，一定会成为绵长不衰的人家。

第六九则

莲朝开而暮合[1]，至不能合，则将落矣，富贵而无收敛意者[2]，尚其鉴之[3]。草春荣而冬枯，至于极枯，则又生矣，困穷而有振兴志者[4]，亦如是也。

【注释】

［1］莲：多年生草本植物，生在浅水中，地下茎肥大而长，有节，叶子圆形，高出水面，花大，淡红色或白色，有香气。

［2］收敛：约束身心。

［3］尚其鉴之：希望能以之为鉴。

［4］振兴志：振兴家族的志气。

【译文】

莲花早上刚刚盛开而傍晚就闭合，到了不再能闭合的时候，就即将凋谢了，对于那些家中富贵却始终没有约束身心的意愿的人，希望他们能从莲花开落的道理中受到启发。草木在春天繁荣茂盛而到了冬天就会枯萎，到了枯萎的终极，就又会重生，那些家境穷困却有振兴家族的志气的人，也一样可以借鉴草木枯荣的道理。

第七〇则

伐字从戈，矜字从矛，自伐自矜者[1]，可为大戒[2]；仁字从人，义字从我，讲仁讲义者，不必远求。

【注释】

［1］自伐：自夸。自矜：自负。

［2］大戒：重要的鉴戒。

【译文】

“伐”字中有“戈”，“矜”字中有“矛”，自负自夸的人，要把这其中兵器杀伐的暗示作为重要的鉴戒；“仁”字中有“人”，“义（義）”字中有“我”，讲求仁义的人，没必要忽略自己和身边的人反而到很远的地方去探求。

第七一则

家纵贫寒，也须留读书种子[1]；人虽富贵，不可忘稼穑艰辛[2]。

【注释】

[1] 读书种子：指在文化上能承前启后的读书人。

[2] 稼穑：种植与收割，泛指农业劳动。

【译文】

纵使家境贫寒，也一定要确保有能承前启后的读书人；即便家境富贵，也不能忘掉农业劳动的艰难辛苦。

第七二则

俭可养廉[1]，觉茅舍竹篱[2]，自饶清趣[3]；静能生悟，即鸟啼花落，都是化机[4]。一生快活皆庸福[5]，万种艰辛出伟人。

【注释】

[1] 廉：廉洁品性。

[2] 觉：感到。

[3] 清趣：清新的情趣。

[4] 化机：造化的奥秘。

[5] 庸福：平凡人的福气。

【译文】

勤俭可以培养人的廉洁的品性，如果有了这种品性，即便是身处简陋的茅屋竹篱，也会感受到清雅的情趣；平心静气能生发人的悟性，如果有了这种悟性在，即便是简单的鸟啼花落，也都蕴藏着造化的奥秘。一生都过得快活只是属于平庸的人的福气，千万种艰辛的磨难才是铸就伟人的方式。

第七三则

济世虽乏资财[1]，而存心方便[2]，即称长者；生资虽少智慧[3]，而虑事精详，即是能人。

【注释】

[1] 资财：物资钱财。

[2] 存心方便：心中想着便利别人。

[3] 生资：天资，天赋。

【译文】

去救助别人时虽然缺乏钱财物资，但是心中想着帮助别人的人，就称得上是长者；天资中虽然没有非凡的智慧，但是考虑事情精细周密的人，就算得上是能人。

第七四则

一室闲居，必常怀振卓心[1]，才有生气[2]；同人聚处，须多说切直话[3]，方见古风[4]。

【注释】

[1] 振卓：振兴奋发。

[2] 生气：活力，生机。

[3] 切直话：正直、诚恳的话语。

[4] 古风：古代贤人的风范。

【译文】

独自闲居在一室之内，必须常常怀有振兴奋发的心志，才能富有生机活力；和别人相聚时，需要多说正直恳切的话，才能体现出古代贤人所具备的风范。

第七五则

观周公之不骄不吝[1]，有才何可自矜[2]；观颜子之若无若虚[3]，为学岂容自足。门户之衰[4]，总由于子孙之骄惰；风俗之坏，多起于富贵之奢淫。

【注释】

[1] 周公：周文王姬昌第四子，西周初期杰出的政治家、军事家和思想家，被尊为儒学奠基人。不骄不吝：不骄狂，不鄙吝。

[2] 自矜：自夸。

[3] 颜子：即颜回。若无若虚：虚怀若谷，有才能不张扬，有德行不炫耀。

[4] 门户：门第，指家庭在社会上的地位。

【译文】

看到连周公这样的贤人都不骄狂不鄙吝，有才的平凡人又有什么值得自夸自负；看到连颜回这样的贤人都虚怀若谷，平凡人做学问又怎么能够自满自足。家世门第的衰败，总是因为子孙们的骄傲怠惰；社会风气的败坏，大多源于富贵人家的骄奢淫逸。

第七六则

孝子忠臣，是天地正气所钟[1]，鬼神亦为之呵护[2]；圣经贤传[3]，乃古今命脉所系，人物悉赖以裁成[4]。

【注释】

[1] 钟：聚集，汇集。

[2] 呵护：庇佑，保护。

[3] 圣经贤传：圣贤所传下来的经典著作和有权威性的论述作品。

[4] 人物：被认为有突出贡献或显著特性的人。

【译文】

孝子和忠臣，是天地之间的刚正之气汇集而成，连鬼神都在保护他们；圣贤的著作，维系着古今几千年历史文化的命脉，很多杰出人物都是这些著作所指引造就。

第七七则

饱暖人所共羡[1]。然使享一生饱暖，而气昏志惰[2]，岂足有为？饥寒人所不甘[3]。然必带几分饥寒，则神紧骨坚[4]，乃能任事[5]。

【注释】

［1］共羡：共同羡慕。

［2］气昏志惰：意志昏沉，心志怠惰。

［3］不甘：不愿承受。

［4］神紧骨坚：神气紧绷，骨气坚强。指精神抖擞，意志坚强。

［5］任事：担当大事。

【译文】

衣暖食饱是被大家所共同羡慕的。但如果一生都在饱暖中享受，人们却变得昏沉怠惰，那样的话又能有什么大的作为呢？饥寒交迫是大家所不愿承受的。但必须在带有几分饥寒的生活环境里，人们才会清醒坚毅，然后才能够担当大事。

第七八则

愁烦中具潇洒襟怀[1]，满抱皆春风和气[2]；暗昧处见光明世界[3]，此心即白日青天。

【注释】

［1］襟怀：胸怀。

［2］春风和气：形容待人接物的态度和蔼可亲。

［3］暗昧：晦暗不明。

【译文】

在忧愁烦恼中仍应具备洒脱磊落的胸怀，那么待人接物就会和蔼可亲；如果人在晦暗不明的环境中仍然能看到世界光明的一面，那么心中就会有无限的宽阔明亮。

第七九则

势利人装腔作调，都只在体面上铺张，可知其百为皆假；虚浮人指东画西，全不问身心内打算，定卜其一事无成。

【译文】

势利小人总是装腔作势，但这些都只是在表面上的表演，其实他们的行为都是虚伪的；浮夸的人常常指东画西地出谋划策，但是全然不反思自己内心的打算，可以料定他们不能成就任何事业。

第八〇则

不忮不求[1]，可想见光明境界[2]；勿忘勿助[3]，是形容涵养功夫。

【注释】

[1] 不忮不求：不嫉妒不贪求。

[2] 想见：推想而知。

[3] 勿忘勿助：即在自我修养的过程中不能忘记逐渐积聚起来的正面力量，也不能拔苗助长。

【译文】

看到别人努力取得的成就能做到不嫉妒、不贪求，就会慢慢达到光明无私的境界；在自我修养过程中不忘道义，也不急于求成，正是一个人不懈积蓄自身内涵的能力。

第八一则

数虽有定[1]，而君子但求其理，理既得，数亦难违；变固宜防，而君子但守其常[2]，常无失，变亦能御。

【注释】

［1］数：气数，命运。

［3］常：规律，规则。

【译文】

命运中有的东西虽然无法改变，但君子只是去研究其中暗含的规则，通晓之后，会发现命运其实也无法摆脱来自规则的约束；命运中诸多变数虽然应该有所防备，但君子只是守护其中恒久不变的规律，规律不遗失，会发现那些变化也可以通过对规律的掌握来抵御。

第八二则

和为祥气，骄为衰气，相人者不难以一望而知[1]；善是吉星，恶是凶星，推命者岂必因五行而定[2]？

【注释】

[1] 相人者：给人看相测命的人。

[2] 推命者：给人推算命运的人。

【译文】

为人和善是吉祥气象汇聚的预兆，为人骄傲是衰败气象汇聚的预兆，给人看相的人不难一看就知晓；人做善事便会有吉祥的星象照临，人有恶行便会有凶邪的星象照临，给人推算命运的人又何必一定要按照五行的规律来断定？

第八三则

人生不可安闲，有恒业[1]，才足收放心[2]；日用必须简省，杜奢端[3]，即以昭俭德[4]。

【注释】

[1] 恒业：稳定的产业。

[2] 收放心：收回放任的心思和念头。

[3] 杜奢端：杜绝奢侈的苗头。

[4] 昭俭德：彰显俭朴的美德。

【译文】

人生在世不能满足于闲适安逸，有了稳定的产业，才能够收敛放任的心思；日常生活花费必须节俭，杜绝了奢侈的苗头，便可以彰显俭朴的美德。

第八四则

成大事功，全仗着秤心斗胆[1]；有真气节，才算得铁面铜头[2]。

【注释】

［1］秤心斗胆：比喻意志坚定，胆识过人。

［2］铁面铜头：比喻公正严明，不畏权势。

【译文】

能成就大事业，立下大功劳的人，全都是倚仗坚定的意志和过人的胆识；真正有气节的人，才算得上是公正严明，不畏权势。

第八五则

但责己，不责人，此远怨之道也；但信己，不信人，此取败之由也。

【译文】

凡事有过失只责备自己，不责怪别人，这就是远离怨恨的方法；遇到事情自以为是，不相信别人的建议，这就是自取败亡的缘由。

第八六则

无执滞心[1]，才是通方士[2]；有做作气[3]，便非本色人[4]。

【注释】

［1］执滞：固执，偏执。

［2］通方士：通达事理的方正之人。

［3］做作气：矫揉造作的习气。

［4］本色人：真诚的人。

【译文】

没有偏执的心态，才是通达事理的方正之人；有了矫揉造作的习气，就不是秉持本色的真纯之人。

第八七则

耳目口鼻，皆无知识之辈，全靠着心作主人；身体发肤，总有毁坏之时，要留个名称后世。

【译文】

眼睛、耳朵、嘴巴和鼻子，都是不能思考的器官，要仰仗头脑来支配；身体、四肢、毛发和肌肤，总有毁坏的时候，一定要留个好的名声给后世。

第八八则

有生资，不加学力[1]，气质究难化也；慎大德，不矜细行[2]，形迹终可疑也。

【注释】

[1] 学力：学习的功夫。

[2] 不矜细行：不注意言行的细节。

【译文】

一个人即使有很好的天赋，如果没有经过努力学习，气质也难以发生相应的改善；一个人只在重大的德行方面谨慎，却不注意言谈举止的细节，一举一动终究值得怀疑。

第八九则

世风之狡诈多端，到底忠厚人颠扑不破[1]；末俗以繁华相尚[2]，终觉冷淡处趣味弥长[3]。

【注释】

[1] 颠扑不破：无论怎样摔打都破不了，比喻言论、学说等牢固可靠。

[2] 末俗：末世的衰败习俗。

[3] 冷淡：不浓艳，素净淡雅。

【译文】

俗世的风气狡诈阴险多种多样，可是忠厚的人最终还是会立于不败之地；末世的衰败习俗崇尚繁华，相比之下，最终还是觉得清冷淡雅的地方趣味深长。

第九〇则

能结交直道朋友[1]，其人必有令名[2]；肯亲近耆德老成[3]，其家必多善事。

【注释】

[1] 直道：正直而有道义。

[2] 令名：美好的名声。

[3] 耆德老成：德高望重的老人。

【译文】

一个人能结交正直而有道义的朋友，他的声誉必定会很好；一个人愿意亲近德高望重的老者，他的家中必定会多有善事。

第九一则

为乡邻解纷争，使得和好如初，即化人之事也[1]；为世俗谈因果[2]，使知报应不爽[3]，亦劝善之方也。

【注释】

[1] 化：感化，化育。

[2] 世俗：指代普通人。

[3] 报应不爽：因果报应从来没有差错。

【译文】

帮助同乡邻里排解纷争，使大家和好如初，是感化教育人的好事；给普通人讲解因果轮回的道理，让大家知道因果报应从来没有差错，也是劝导人心向善的方法。

第九二则

发达虽命定[1]，亦由肯做功夫；福寿虽天生，还是多积阴德[2]。

【注释】

［1］命定：命中注定，命运安排好的。

［2］阴德：暗中做的有德于人的事。

【译文】

人的富贵发达虽说是命中注定的，但也要自己愿意努力奋斗才行；人的福气长寿虽然说是上天决定的，但也要自己暗中多做有德于人的事才好。

第九三则

常存仁孝心，则天下凡不可为者皆不忍为，所以孝居百行之先[1]；一起邪淫念[2]，则生平极不欲为者皆不难为，所以淫是万恶之首。

【注释】

[1] 百行：各种品行、德行。

[2] 邪淫：邪恶放纵。

【译文】

人如果能常常存着仁爱孝顺的心思，那么天下凡是不能做的事就都不忍心去做了，因此孝排在各种德行之前；人一旦起了邪恶放纵的心思，那么生平极其不齿的事也都不难做了，因此淫排在各种恶行之首。

第九四则

自奉必减几分方好[1]，处世能退一步为高。

【注释】

［1］自奉：自身日常生活的供养。

【译文】

人的日常生活的花费一定要节俭一些才好，人的立身处世能够懂得容忍退让才算高明。

第九五则

守分安贫，何等清闲，而好事者偏自寻烦恼；持盈保泰[1]，总须忍让，而恃强者乃自取灭亡。

【注释】

[1] 持盈保泰：处于极盛之时，谦逊谨慎以保平安。

【译文】

谨守本分，安于贫穷，是多么清净安闲，而好事的人偏偏要自寻烦恼；事业极盛的时候谦逊谨慎，总需要退步谦让以保平安，而倚仗强势的人却执意要自取灭亡。

第九六则

人生境遇无常，须自谋吃饭之本领；人生光阴易逝，要早定成器之日期。

【译文】

人的一生境况遭遇没有定数，需要早点掌握可以养活自己的本领；人生在世的时间短暂易逝，应该早日确立成材的志向。

第九七则

川学海而至海[1]，故谋道者不可有止心[2]；莠非苗而似苗[3]，故穷理者不可无真见[4]。

【注释】

［1］川：河流，水道。

［2］谋道者：追求学问和真理的人。

［3］莠：草名。一年生草本植物，穗有毛，很像谷子，亦称"狗尾草"。

［4］穷理：探究事物之中的真理。

【译文】

河流学习大海的兼容并蓄最后才能汇入大海，所以追求学问和真理的人不能有止步不前的心态；狗尾草像禾苗却不是禾苗，所以探究事物真理的人不能没有真知灼见。

第九八则

守身必谨严，凡足以戕吾身者宜戒之[1]；养心须淡泊，凡足以累吾心者勿为也。

【注释】

[1] 戕：伤害，残害。

【译文】

保持自己的人格气节必须要谨慎，凡是会损害自己气节的事都要杜绝；颐养自己的心志必须要淡泊，凡是会拖累自己心志的事都不能做。

第九九则

人之足传，在有德，不在有位；世所相信，在能行，不在能言。

【译文】

人的名声值得被传颂赞扬，在于有美好的品德，而不在于有地位；人之所以能够被世人信任，在于能踏实做事，而不在于侃侃空谈。

第一〇〇则

与其使乡党有誉言，不如令乡党无怨言；与其为子孙谋产业，不如教子孙习恒业。

【译文】

与其让同乡们赞誉自己，不如让他们对自己没有怨言；与其为子孙后辈们谋取产业，不如教导他们好好学会能长久谋生的技能。

第一〇一则

多记先正格言[1]，胸中方有主宰[2]；闲看他人行事，眼前即是规箴[3]。

【注释】

[1] 先正：泛指前代的贤人。

[2] 主宰：主管，支配。

[3] 规箴：规劝，告诫。

【译文】

多记诵领会前代贤人留下的格言，才会拥有主宰内心的坚定准则；闲暇时多观察别人待人接物的方式，眼前就有了对于是非得失的劝勉告诫。

第一〇二则

陶侃运甓官斋[1]，其精勤可企而及也；谢安围棋别墅[2]，其镇定非学而能也。

【注释】

［1］陶侃运甓官斋：晋时陶侃任广州刺史之后，州内安定，政务清闲，但他心怀社稷，为了督促自己勤勉，每天早上搬运一百块砖到自己的官署外面，晚上又从外面把砖搬到官署之内。

［2］谢安围棋别墅：东晋时，前秦苻坚率军号称八十万南下侵晋，水陆并进，直逼淝水，意图一举灭晋统一全国。作为东晋卫将军的谢安面对强敌并不畏惧，任命自己的弟弟谢石为征讨大都督，侄儿谢玄为前锋都督，儿子谢琰与西中郎将桓尹等率八万精兵据敌。两军大战正酣的时候，谢安镇定自若，在别墅与朋友下棋，当捷报传来时，谢安仍旧不动声色。

【译文】

陶侃在官署内外搬运砖块，这种勤勉不懈的精神有望通过效法赶上；两军交战之时谢安在别墅内下棋行乐，这种处变不惊的镇定却不是仅仅效法就能学到的。

第一〇三则

但患我不肯济人，休患我不能济人；须使人不忍欺我，勿使人不敢欺我。

【译文】

怕的是自己不肯发仁善心帮助别人，而不用怕自己没有能力帮助别人；要让别人因为自己的德行而不忍心欺骗自己，不能让别人因为畏惧而不敢欺骗自己。

第一〇四则

何谓享福之人？能读书者便是。何谓创家之人？能教子者便是。

【译文】

什么样的人是享福的人？能读书的人就是。什么样的人是创立家业的人？会教导子弟的人就是。

第一〇五则

子弟天性未漓[1]，教易行也，则体孔子之言以劳之[2]，勿溺爱以长其自肆之心[3]。子弟习气已坏，教难行也，则守孟子之言以养之，勿轻弃以绝其自新之路。

【注释】

[1] 漓：浅薄。

[2] 体：亲身经验，领悟。

[3] 自肆：放纵任性。

【译文】

在子弟们年幼，天性还没流于浅薄的时候，教导容易被领会施行，这时应该让他们领悟孔子的言辞而不辞劳苦，不能因为溺爱而助长子弟们的放纵心态。到了子弟们习惯气质已经败坏的时候，教导就难以被领会奉行，这时应该牢记孟子的言辞来培养他们，不能轻易放弃而断绝了子弟们改过自新的道路。

第一〇六则

忠实而无才，尚可立功，心志专一也；忠实而无识，必至偾事[1]，意见多偏也[2]。

【注释】

[1] 偾事：败事。

[2] 偏：偏执。

【译文】

一个人为人忠厚老实却没有才干，仍然可以建功立业，因为这样的人心志专一；一个人忠厚老实却没有见识，就一定会败事，因为这样人的意见大都会走向偏执。

第一〇七则

人虽无艰难之时，却不可忘艰难之境；世虽有侥幸之事，断不可存侥幸之心。

【译文】

一个人即便没遇到过艰难困苦的时候，却不能忘记存在艰难困苦的境遇；世上虽然存在着侥幸的事例，人却不能怀有侥幸的心态。

第一〇八则

心静则明，水止乃能照物；品超斯远[1]，云飞而不碍空。

【注释】

[1] 品超斯远：品行高尚才能使人心志高远。

【译文】

人的心在沉静之后才会澄明，就像水面只有平静时才能映照万物；人的品行高尚才能心志高远，就像云朵飞腾起来才能超然而不阻碍天空。

第一〇九则

清贫乃读书人顺境，节俭即种田人丰年。

【译文】

家境清贫对读书人来说就是顺遂的环境，勤俭节约对种田人来说就是丰年的征兆。

第一一〇则

正而过则迂，直而过则拙，故迂拙之人犹不失为正直；高或入于虚，华或入于浮，而虚浮之士究难指为高华。

【译文】

人的性情过于刚正就会显得迂腐，性情过于直率就会显得笨拙，所以迂腐笨拙的人仍能称得上正直；人如果自命清高有时就会陷入虚妄，自恃才华过人有时就会陷入浮夸，然而虚妄浮夸的人终究难以称得上是清高多才。

第一一一则

人知佛老为异端[1]，不知凡背乎经常者[2]，皆异端也；人知杨墨为邪说[3]，不知凡涉于虚诞者[4]，皆邪说也。

【注释】

［1］佛老：佛教和老子的学说。异端：古代儒家称其他持不同见解的学派为异端。

［2］经常：常道，常法。

［3］杨墨：以杨朱和墨翟为代表的学说。

［4］虚诞：荒诞无稽。

【译文】

人人都知道佛教和老子的学说是异端，却不知道凡是违背常道的学说，都是异端；人人都知道杨朱和墨翟的学说是邪说，却不知道凡是牵涉到荒诞无稽之事的学说，都是邪说。

第一一二则

图功未晚[1]，亡羊尚可补牢[2]；浮慕无成[3]，羡鱼何如结网[4]。

【注释】

[1] 图功：谋求功业。

[2] 亡羊尚可补牢：丢了羊再去修补羊圈，还不算晚。比喻出了问题以后想办法补救，可以防止继续受损失。出自《战国策·楚策四》。

[3] 浮慕：凭空羡慕。

[4] 羡鱼何如结网：站在水边想得到鱼，不回家去结网。比喻只是空想，不如脚踏实地去做事。出自《淮南子·说林训》。

【译文】

谋求功业，任何时候都不晚，就好像丢失了羊之后修补羊圈，还可以防止继续受损失；凭空羡慕别人则永远不会有所成就，就好像只是站在池水前羡慕水中的游鱼，还不如回家编织网然后去捕鱼一样。

第一一三则

道本足于身，以实求来，则常若不足矣；境难足于心，尽行放下，则未有不足矣。

【译文】

道理本来就在自己身边，虽然能通过实际观察去努力探求，却应该常常感到所了解掌握的还不够；境遇很难满足自己的心愿，只要能把对外物的执着放下，就没有什么不满足了。

第一一四则

读书不下苦功，妄想显荣，岂有此理？为人全无好处，欲邀福庆，从何得来？

【译文】

读书不刻苦用功，还妄想着有朝一日拥有显贵荣华，天下哪有这样的道理？为人处世从不行善积德，还想着招来福气喜事，又将从何处获得？

第一一五则

才觉已有不是，便决意改图，此立志为君子也；明知人议其非，偏肆行无忌，此甘心做小人也。

【译文】

刚刚发觉自己有不对的地方，就下定决心改过，这是立志要做君子的人；明明知道有人在议论自己的不是，而仍旧行为放肆无所忌惮，这是甘愿要做小人的人。

第一一六则

淡中交耐久[1]，静里寿延长。

【注释】

［1］淡中交：平淡地交往。

【译文】

在平淡环境中交往的朋友，能经得住时间的考验；在平静安稳的环境中生活，能够延年益寿。

第一一七则

凡遇事物突来，必熟思审处，恐贻后悔；不幸家庭衅起，须忍让曲全，勿失旧欢。

【译文】

凡是遇到突如其来的事情，一定要经过深思熟虑后冷静处理，以免来日后悔；家庭中不幸发生纠纷，应该用忍让的态度来委曲求全，以免因此丧失往日的和睦欢乐。

第一一八则

聪明勿使外散，古人有纩以塞耳[1]，旒以蔽目者矣[2]；耕读何妨兼营，古人有出而负耒[3]，入而横经者矣[4]。

【注释】

[1] 纩：古时指新丝棉絮，后泛指棉絮。

[2] 旒：冠冕前后悬垂的玉串。

[3] 耒：古代的一种翻土农具，形如木叉，上有曲柄，下面是犁头，用以松土，可看作犁的前身。

[4] 横经：捧读经书。

【译文】

不要让自己的聪明才智太过外露，正如曾有古人用棉絮塞住耳朵，用冠冕前后的玉串挡住视线；耕作和读书不妨兼顾，正如曾有古人白天背着农具外出耕作，晚上回家手捧经书学习。

第一一九则

身不饥寒，天未曾负我；学无长进，我何以对天。

【译文】

身体能够不饿不冷，可见上天并没辜负自己；如果学业还一直没有长进，自己还有什么面目来见上天？

第一二〇则

不与人争得失，惟求己有知能。

【译文】

不跟别人争论得失功过，只要求自己具备智慧才干。

第一二一则

为人循矩度[1]，而不见精神，则登场之傀儡也[2]；做事守章程，而不知权变[3]，则依样之葫芦也[4]。

【注释】

[1] 矩度：规矩法度。

[2] 傀儡：原指木偶，后用来比喻不能自主，受人操控的人或组织。

[3] 权变：权衡变通。

[4] 依样之葫芦：比喻模仿别人，毫无创见。

【译文】

做人如果严格遵循规矩法度，而没有自主的精神气概，就如同上场演出的木偶；做事如果固执地照搬章程法规，却不知道权衡变通，就像是依样画葫芦般僵化呆滞。

第一二二则

文章是山水化境[1]，富贵乃烟云幻形[2]。

【注释】

［1］化境：是指语言转化成一种意境，让读者看到文字以外的境象，给读者一个想像的空间。

［2］幻形：虚幻不实的形状，引申为假象。

【译文】

文章给人带来的意境如同山水景色般极致秀丽，变化万端；富贵所给人带来的境遇变化却如同烟云一样虚幻不实、转瞬即逝。

第一二三则

郭林宗为人伦之鉴[1]，多在细微处留心；王彦方化乡里之风[2]，是从德义中立脚。

【注释】

[1] 郭林宗（128—169）：即郭泰，字林宗，东汉太原介休（今属山西）人。博学有德，好品评人物，善于鉴察人伦道德，人称有道先生。在东汉末桓、灵二帝时期士人集团同宦官集团的激烈斗争中，是士人的著名代表和太学生的主要首领之一。他还以不愿就官府的征召而名著于世。

[2] 王彦方（141—219）：名烈，字彦方，东汉太原（今属山西）人。因品德高尚称著乡里。平时善于以德行感化乡里，化解乡邻的纷争，以致争讼的人见到他的房屋就和解了。

【译文】

郭林宗在鉴察品评人伦道德的时候，大多留心人们言辞和行为的细节；王彦方感化乡里风俗的时候，就是以道德仁义为根本去着手。

第一二四则

天下无憨人[1]，岂可妄行欺诈；世人皆苦人，何能独享安闲。

【注释】

[1] 憨：傻气，痴呆。

【译文】

天下没有真正愚蠢的人，怎能肆意对别人进行欺诈；世界上大都是受苦的人，怎能安下心来独自享受安逸闲暇。

第一二五则

甘受人欺，定非懦弱；自谓予智，终是糊涂。

【译文】

甘愿受人欺压的人，一定不是懦弱之士；自认为聪明绝顶的人，终究还是糊涂之辈。

第一二六则

漫夸富贵显荣[1]，功德文章要可传诸后世；任教声名煊赫[2]，人品心术不能瞒过史官。

【注释】

［1］漫夸：胡乱夸耀。漫，随意，不受拘束。

［2］煊赫：形容名声大，声势很盛。

【译文】

随意夸耀家世的富贵荣华，也只能显赫一时，功德如文章却可以名垂千古泽被后人；不论名声势力多么显赫，也不过停留在当世，他的人品和心术瞒不过史官笔下流芳或者遗臭千古的纪实。

第一二七则

神传于目，而目则有胞[1]，闭之可以养神也；祸出于口，而口则有唇，阖之可以防祸也[2]。

【注释】

［1］胞：指上下眼皮。

［2］阖：关闭。

【译文】

人的心神从眼睛传出，而眼睛上下有眼皮，闭上之后就可以颐养心神；惹祸的言语从嘴巴中传出，而嘴巴上下有嘴唇，闭上之后就可以防止灾祸发生。

第一二八则

富家惯习骄奢，最难教子；寒士欲谋生活，还是读书。

【译文】

富贵的家庭习惯了骄矜奢侈，对于他们来说最难的就是教育好子孙后辈；贫寒的家庭想要谋取生存之道，对于他们来说最好的谋生方式就是让子孙后辈们读书。

第一二九则

人犯一苟字，便不能振；人犯一俗字，便不可医。

【译文】

人如果有了做事随便的毛病，就无法再振作起来；人如果流于俗气，就无法再医治挽救。

第一三〇则

有不可及之志，必有不可及之功；有不忍言之心，必有不忍言之祸。

【译文】

有常人不可企及的远大志向，必然能成就常人不可企及的功业；不忍心规劝别人的过错，就必然要遭受由此带来的祸患。

第一三一则

事当难处之时，只让退一步，便容易处矣；功到将成之候，若放松一着，便不能成矣。

【译文】

事情到了难以处理的时候，只需退让一步，就会变得容易处理了；功业到了即将成就的时候，若是放松了一毫，就会无法成就了。

第一三二则

无财非贫，无学乃为贫；无位非贱，无耻乃为贱；无年非夭，无述乃为夭[1]；无子非孤[2]，无德乃为孤。

【注释】

[1] 无述：没有值得记述的事迹。

[2] 孤：原指幼儿丧父，这里指受到孤立的人。

【译文】

没有钱财并不算贫穷，没有学识才是真的贫穷；没有地位并不算卑贱，没有羞耻之心才是真的卑贱；没能长寿不算是早死，没留下可记述的事迹才算早死；没有子嗣不算孤立无援，没有德行才是真的孤立无援。

第一三三则

知过能改，便是圣人之徒；恶恶太严[1]，终为君子之病。

【注释】

［1］恶恶：憎恶坏人坏事。

【译文】

能认识到自己的错误并改正，就算得上是圣人的门徒；憎恶、攻击坏人坏事过于严苛，终究会成为君子的过失。

第一三四则

士必以诗书为性命[1]，人须从孝悌立根基[2]。

【注释】

[1] 士：古代四民之一，位于庶民之上。此处指士子，为读书人的统称。

[2] 孝悌：亦作“孝弟”，指孝顺父母，敬爱兄长，是封建伦理道德之一。

【译文】

读书人必须以诗书作为安身立命的根本，做人必须以孝顺父母、敬爱兄长作为立身处世的根基。

第一三五则

德泽太薄[1]，家有好事，未必是好事，得意者何可自矜[2]？天道最公，人能苦心，断不负苦心，为善者须当自信。

【注释】

[1] 德泽：恩惠。

[2] 自矜：自我夸耀。

【译文】

恩泽过于绵薄，即便家中有好事，也未必真是好事，得意的人有什么值得自我夸耀呢？天道是最公平的，人如果能够刻苦努力，上天就一定不会辜负他，行善的人心中应当有这份自信。

第一三六则

把自己太看高了，便不能长进；把自己太看低了，便不能振兴。

【译文】

过于高估自己，就无法进步；过于轻视自己，就不能奋发向上。

第一三七则

古之有为之士，皆不轻为之士；乡党好事之人，必非晓事之人。

【译文】

古代那些有作为的人，都不会轻率地行事；乡里那些好生事端的人，一定都是不明白事理的人。

第一三八则

偶缘为善受累，遂无意为善，是因噎废食也[1]；明识有过当规，却讳言有过，是讳疾忌医也[2]。

【注释】

[1] 因噎废食：因有人吃饭而被噎死了，就要禁绝天下人吃饭，比喻因偶然的挫折就停止应做的事。

[2] 讳疾忌医：隐瞒病情，不愿医治。比喻护短以避人规劝，有过失而不愿别人知道。

【译文】

偶尔因为做善事而受到连累，就不想再做善事了，这就像因为吃饭噎着了就决定再也不吃饭一样；明明知道自己有过错应当改正，却隐瞒自己的过错，就如同患了病却不愿意承认、不想医治一样。

第一三九则

宾入幕中[1]，皆沥胆披肝之士[2]；客登座上[3]，无焦头烂额之人[4]。

【注释】

[1] 宾入幕中：本指旧时进入幕府参与议事的人，比喻极其亲近并可以信任的人。

[2] 沥胆披肝：比喻对人忠心耿耿，竭诚尽忠。沥，滴下。披，打开。

[3] 客登座上：本指被引为上座的宾客，形容极其亲近的朋友。

[4] 焦头烂额：形容救火时烧焦额，灼伤头，后比喻处境十分狼狈、窘迫。

【译文】

凡被自己视为亲近可信的人，必须是能对自己竭尽忠诚的人；能被自己当做密友的人，必定不能是狼狈窘迫之辈。

第一四〇则

地无余利，人无余力，是种田两句要言[1]；心不外弛，气不外浮，是读书两句真诀。

【注释】

［1］要言：至理名言。

【译文】

没有多余无用的土地，不能浪费，没有闲置无用的人力，不可偷懒，这是耕作时要明白的两句至理名言；心神要专注，神气不外浮，这是读书时要谨记的两句诀窍。

第一四一则

成就人才，即是栽培子弟；暴殄天物[1]，自应折磨儿孙。

【注释】

［1］暴殄天物：残害天生万物。

【译文】

通过培养让有才能的人有所成就，就相当于在栽培自己的子弟；不知爱惜物力，任意浪费，自然会在日后殃及自己的儿孙。

第一四二则

和气迎人，平情应物[1]；抗心希古[2]，藏器待时[3]。

【注释】

［1］平情应物：以平常心对待事物。

［2］抗心希古：志趣高尚，仰慕古人。

［3］器：本指用具、器物。引申为才能、本领。

【译义】

用和气的态度对待别人，用平常心看待事物；以古代贤者的高尚志趣勉励自己，隐藏才华以等待可施展的时机。

第一四三则

矮板凳，且坐着[1]；好光阴，莫错过。

【注释】

[1] 矮板凳，且坐着：形容读书、做学问要能坐得住，耐得住寂寞。

【译文】

读书治学，要耐得住寂寞；大好光阴，不可轻易错过。

第一四四则

天地生人，都有一个良心[1]；苟丧此良心[2]，则其去禽兽不远矣[3]。圣贤教人[4]，总是一条正路；若舍此正路，则常行荆棘之中矣[5]。

【注释】

[1] 良心：人天生的善良的心地。

[2] 苟：如果，假如。

[3] 去：相距，距离。

[4] 圣贤：圣人与贤人的名称，指品德高尚，有超凡才智的人。通常是指被认为实践了儒学生命价值观的人物。

[5] 荆棘：本指丛生有刺的灌木，后比喻纷乱而艰险的局势或处境。

【译文】

人生在天地之间，都有一颗良善之心；如果丧失了这颗良善之心，那么人就和禽兽没有什么差别了。圣贤教化世人，总会指出一条正确的道路；如果舍弃了这条正确的道路，就会像走入荆棘丛生的地方一样困难重重。

第一四五则

世上言乐者，但曰读书乐，田家乐；可知务本业者[1]，其境常安。古之言忧者，必曰天下忧，廊庙忧[2]；可知当大任者，其心良苦。

【注释】

[1] 务本业：指专心从事自己的职业。

[2] 廊庙：本指庙堂，后多指代朝廷或国家政事。

【译文】

世人谈到快乐的事，只说读书求知乐，耕作收获乐；由此可知只要专心从事自己的本业，就会时常处在安乐的境遇中。古人说到忧心的事，一定是指为天下苍生、为国家政事而担忧；由此可知身负重任的人，真是用心良苦。

第一四六则

天虽好生，亦难救求死之人；人能造福，即可邀悔祸之天。

【译文】

上天虽然有好生之德，但也很难拯救一心求死的人；人如果努力做善事给自己造福，就能得到上天的宽恕，免除灾祸。

第一四七则

薄族者[1]，必无好儿孙；薄师者[2]，必无佳子弟；吾所见亦多矣。恃力者，忽逢真敌手；恃势者，忽逢大对头；人所料不及也。

【注释】

［1］薄族：刻薄地对待族人。

［2］薄师：刻薄地对待师长。

【译文】

刻薄地对待族人的人，一定没有好儿孙；刻薄地对待师长的人，一定没有优秀的子弟；这种情形我已经见过很多。仗力欺人的人，必然会遇到力量更大的敌人；仗势欺人的人，必然会遇到势力更强的对手；这都是人所预料不到的事。

第一四八则

为学不外“静”、“敬”二字，教人先去“骄”、“惰”二字。

【译文】

求学问，不外乎“静心”、“持敬”两个要点，教导别人，要先改掉“骄傲”、“懒惰”两个毛病。

第一四九则

人得一知己，须对知己而无惭；士既多读书，必求读书而有用。

【译文】

人难得遇到一位知己，应该做到面对知己而毫无愧疚；读书人既然读了很多书，就一定要追求学以致用。

第一五〇则

以直道教人[1]，人即不从，而自反无愧[2]，切勿曲以求荣也[3]；以诚心待人，人或不谅[4]，而历久自明，不必急于求白也[5]。

【注释】

［1］直道：正直的道理。

［2］自反无愧：自己反省起来，也问心无愧。自反，自我反省。

［3］曲以求荣：曲意迁就以博得他人好感。

［4］谅：信任，谅解。

［5］急于求白：急于表白。求白，希求辩白。

【译文】

用正直的道理教导别人，别人即便不听从，自己反省时也会问心无愧，千万不要靠曲意逢迎来博得别人好感；

用真诚的心对待别人，别人或许当时会误解，但日久见人心，不用急着去辩解。

第一五一则

粗粝能甘[1]，必是有为之士；纷华不染[2]，方称杰出之人。

【注释】

[1] 粗粝：粗粮。这里形容艰苦的生活。

[2] 纷华：繁华富丽。

【译文】

能够甘于艰苦生活的人，必然会大有作为；不把富贵荣华放在心上，才称得上杰出的人。

第一五二则

性情执拗之人，不可与谋事也；机趣流通之士[1]，始可与言文也。

【注释】

[1] 机趣：犹机智、风趣。流通：流转通行，不板滞。

【译文】

性情执拗的人，往往不能和他一起商量大事；性情风趣通达的人，才可以和他一起讨论学问之道。

第一五三则

不必于世事件件皆能，惟求与古人心心相印。

【译文】

对世间的事没必要件件都明白精通，只希望和古人的心意情趣能够相通。

第一五四则

夙夜所为[1]，得无抱惭于衾影[2]；光阴已逝，尚期收效于桑榆[3]。

【注释】

[1] 夙夜：早晚，朝夕。

[2] 衾影：比喻私生活。

[3] 桑榆：比喻晚年。

【译文】

每天回想起朝夕的所作所为，都应该做到问心无愧；时光流逝再不回头，却依然期待能够在晚年有所成就。

第一五五则

念祖考创家基[1]，不知栉风沐雨[2]，受多少苦辛，才能足食足衣，以贻后世[3]；为子孙计长久，除却读书耕田，恐别无生活，总期克勤克俭[4]，毋负先人。

【注释】

[1] 祖考：祖先。

[2] 栉风沐雨：以风梳发，以雨洗头。比喻奔波劳苦，不畏风雨。

[3] 贻：留给，遗留。

[4] 克勤克俭：既勤奋又节俭。

【译文】

想到祖先开创家业的时候，不畏风雨地奔波，历尽了多少艰辛，才能做到衣食无忧，并且留下家产给子孙后世；如果要为子孙做长远打算，除了读书与耕田外，恐怕没有更好的谋生方式了，希望后世子孙们能够勤俭生活，不要辜负了先人的辛劳。

第一五六则

但作里中不可少之人[1]，便为于世有济[2]；必使身后有可传之事，方为此生不虚。

【注释】

［1］里中：乡里。

［2］济：救济，帮助。

【译文】

只要让自己成为乡里间不可缺少的人，就能算作是对世间有所贡献了；一定要使自己身后有为人流传的事迹，才能算做不枉这一生。

第一五七则

齐家先修身[1]，言行不可不慎；读书在明理[2]，识见不可不高。

【注释】

[1] 齐家：治理家事。修身：修养身心。

[2] 明理：明白道理。

【译文】

治理家事先要修养自己的身心，一言一行不能不谨慎；读书的宗旨在于明白道理，见识不能不高于常人。

第一五八则

桃实之肉暴于外，不自吝惜，人得取而食之；食之而种其核，犹饶生气焉，此可见积善者有余庆也[1]。栗实之肉秘于内，深自防护，人乃破而食之；食之而弃其壳，绝无生理矣，此可知多藏者必厚亡也[2]。

【注释】

[1] 余庆：犹言余福，即泽被后人。

[2] 厚亡：损失惨重。

【译文】

桃子的果肉暴露在外面，毫不吝惜，人们都能取着吃；人们吃完后将桃核种在土里，它就会再长出幼苗，生生不息，由此可见常做善事的人必有余福泽被后人；栗子的果肉藏在皮内，尽力保护自己，人们打破果壳才能吃到，吃完就把果壳扔了，绝无可能再长出新苗，由此可见积藏太多却不想付出的人必然会损失惨重。

第一五九则

求备之心[1]，可用之以修身，不可用之以接物；知足之心，可用之以处境[2]，不可用之以读书。

【注释】

［1］求备：求全责备，即追求完美。

［2］处境：处身于外在环境，待人接物。

【译文】

追求完美的想法，可以用来完善自身的修养，却不可以用来待人接物；知足常乐的想法，可以用来应对周围的环境，但不可以用在读书求学上。

第一六〇则

有守虽无所展布[1]，而其节不挠[2]，故与有猷有为而并重[3]；立言即未经起行[4]，而于人有益，故与立功立德而并传[5]。

【注释】

[1] 展布：本指阐明、陈述，这里指施展道义、推广道义。

[2] 挠：屈服。

[3] 猷（yóu）：道义，原则。

[4] 未经起行：没有付诸行动。

[5] 立功：建立功绩。立德：建立德业。传：指行为被世人所传颂。

【译文】

有操守的人虽然没有传布道义的功劳，但是他们能够坚守节操不屈服，因此有操守和有道义、有作为同样重要；通过著书立言来彰显道义，虽然没有付诸实际行动，但是给听闻的人带来好处，因此也可以和立功、立德的行为一样值得被世人传颂。

第一六一则

遇老成人[1]，便肯殷殷求教[2]，则向善必笃也[3]；听切实话，觉得津津有味，则进德可期也。

【注释】

[1] 老成人：指年高有德的人。

[2] 殷殷：恳切，诚恳。

[3] 笃：真诚，坚定。《论语·泰伯》："君子笃于亲，则民兴于仁。"

【译文】

遇到年高有德之人，便恳切地请求教诲，这样的人的向善之心一定十分真诚；听到诚恳实在的话，觉得津津有味，这样的人在德行上不断进步是能够想见的。

第一六二则

有真性情[1]，须有真涵养；有大识见，乃有大文章。

【注释】

[1] 性情：人的秉性和气质。

【译文】

要想有至真至纯的性情，必须先有真实的修养；有了广博的见识，才能写出伟大的文章。

第一六三则

为善之端无尽，只讲一“让”字[1]，便人人可行；立身之道何穷，只得一“敬”字，便事事皆整。

【注释】

[1] 让：礼让。

【译文】

做善事的方法无穷无尽，只要讲求一个“让”字，就人人都能做善事；立身处世的方法无穷无尽，只要做到一个“敬”字，所有的事情就都能处理得井然有序。

第一六四则

自己所行之是非，尚不能知[1]，安望知人[2]；古人以往之得失，且不必论，但须论己。

【注释】

［1］尚：尚且，还。

［2］安：哪里，怎能。

【译文】

自己的所作所为是否正确，尚且不能分辨，哪里还能知道别人的对错；古人言行的得失，暂且不必谈论，重要的是明白自己的言行得失。

第一六五则

治术必本儒术者[1]，念念皆仁厚也[2]；今人不及古人者，事事皆虚浮也[3]。

【注释】

[1] 治术：治理之术，使国家达到强盛的方法。

[2] 念念：每一个念头。

[3] 虚浮：虚假而轻浮。

【译文】

治理国家的方法以儒家学说为本，是因为儒家学说心存仁爱宽厚；现在的人之所以比不上古人，是因为现在的人行事都存在虚假轻浮的弊端。

第一六六则

莫大之祸[1]，起于须臾之不忍[2]，不可不谨。

【注释】

[1] 莫大：巨大。

[2] 须臾：片刻。

【译文】

巨大的祸患，也总是源于一时的不能忍耐，所以言行不能不谨慎。

第一六七则

家之长幼，皆倚赖于我，我亦尝体其情否也？士之衣食，皆取资于人，人亦曾受其益否也？

【译文】

家里的老小，生活都依赖着我，我是否曾体察过他们内心的情感和需要呢？我们读书人的衣食供给，都来自别人的生产劳动，别人是否曾从我们身上得到过什么好处吗？

第一六八则

富不肯读书，贵不肯积德，错过可惜也；少不肯事长[1]，愚不肯亲贤[2]，不祥莫大焉。

【注释】

[1] 事长：敬奉长辈。

[2] 亲贤：亲近贤达的人。

【译文】

富裕时不肯读书，尊贵时不肯积德，错过了这段可以有所作为的时期真是可惜啊；年少时不肯敬奉长辈，愚昧无知却不肯亲近贤人，这是最不祥的预兆。

第一六九则

自虞廷立五伦为教[1]，然后天下有大经[2]；自紫阳集四子成书[3]，然后天下有正学[4]。

【注释】

[1] 虞廷：虞舜之世。五伦：中国古代社会将君臣、父子、兄弟、夫妇、朋友之间的人伦关系称为五伦。强调君臣有义、父子有亲、夫妇有别、长幼有序、朋友有信。后来这些成为人们的道德规范。

[2] 大经：常规，常道。

[3] 紫阳集四子成书：指南宋理学家朱熹集注《论语》、《孟子》、《大学》、《中庸》四书而成《四书集注》，成为后来科举考试的主要依据。

[4] 正学：中正之学。

【译文】

自从虞舜之世设立五伦教化百姓之后，世上才有了人伦大道；自从朱熹集注四书之后，天下才有了中正之学。

第一七〇则

意趣清高，利禄不能动也；志量远大，富贵不能淫也。

【译文】

情趣志向高洁的人，是不会被功名利禄所打动的；志向远大的人，是不会被荣华富贵迷惑心志的。

第一七一则

最不幸者，为势家女作翁姑[1]；最难处者，为富家儿作师友。

【注释】

［1］翁姑：公婆。

【译文】

最不幸的事情，就是给权势人家的女儿做公婆；最难相处的，就是给富贵人家的孩子做师友。

第一七二则

钱能福人[1]，亦能祸人，有钱者不可不知；药能生人[2]，亦能杀人，用药者不可不慎。

【注释】

［1］福人：使人享福。

［2］生人：使人生存，使人活命。

【译文】

钱财可以让人享福，也可以让人遭祸，富有的人不可以不明白这个道理；药物可以救人，也可以杀人，用药的人不可以不谨慎。

第一七三则

凡事勿徒委于人[1]，必身体力行，方能有济[2]；凡事不可执于已[3]，必广思集益，乃罔后艰[4]。

【注释】

[1] 徒：仅，只。

[2] 济：成功，对事情有益。

[3] 执于已：固执己见。

[4] 罔：无，没有。后艰：以后的艰难困苦。

【译文】

凡事都不要只依赖别人，一定要身体力行，才能有所成就；凡事不能固执己见，一定要集思广益，之后才不会太艰难困苦。

第一七四则

耕读固是良谋[1]，必工课无荒[2]，乃能成其业；仕宦虽称显贵[3]，若官箴有玷[4]，亦未见其荣。

【注释】

[1] 良谋：好计策，好办法。

[2] 工课无荒：耕作和读书都没有荒废。

[3] 仕宦：做官。

[4] 官箴（zhēn）：原指百官对帝王的劝诫，后指对官吏的劝诫。如为官忠于职守，则称“不辱官箴”，为官失职，则称“有辱官箴”。箴，劝告，规诫。玷（diàn）：原指玉的斑点，引申为过失、缺点。

【译文】

耕种并读书固然是很好的生活方式，但是必须做到两者兼顾，才能成就事业；做官虽然能称得上是富贵显达，然而一旦疏于职守，就会荣耀尽失。

第一七五则

儒者多文为富，其文非时文也[1]；君子疾名不称[2]，其名非科名也[3]。

【注释】

[1] 时文：科举应试之文，明清时期称八股文为时文。

[2] 疾名不称：担心自己的名声不能得到传扬。疾，担心，忧虑。称，称誉，褒扬。

[3] 科名：科举考中而取得的功名。

【译文】

儒生常把文章著述众多视为财富，但是这里所说的文章并不是科举应制之文；君子常担心自己的名声不能被世人颂扬，但是这里的名声并不是科举考试取得的功名。

第一七六则

“博学笃志，切问近思”[1]，此八字，是收放心的功夫[2]；“神闲气静，智深勇沉”[3]，此八字，是干大事的本领。

【注释】

[1] 博学笃（dǔ）志，切问近思：语出《论语·子张》：“博学而笃志，切问而近思，仁在其中矣。”意思是说广博地求取学问，坚定志向，极力向人请教，并仔细思考。笃志，专心致志。笃，真诚，专一。切问，极力向人请教。

[2] 收放心：收回放纵散漫的心，专心于学。

[3] 神闲气静，智深勇沉：神情闲适，心气平静，智谋深远，勇敢沉毅。

【译文】

“博学笃志，切问近思”这八个字，是收敛放纵散漫之心的方法；“神闲气静，智深勇沉”这八个字，是成就大事的素质。

第一七七则

何者为益友？凡事肯规我之过者是也[1]。何者为小人？凡事必徇己之私者是也[2]。

【注释】

[1]规我之过者：规劝我的过失的人。规，规诫，规劝。

[2]徇：屈从，偏袒。

【译文】

什么样的人是对自己有益的朋友呢？是那些遇到事情愿意规劝我的人。什么样的人是小人呢？是那些遇到事情必定存心为自己谋好处的人。

第一七八则

待人宜宽，惟待子孙不可宽；行礼宜厚，惟行嫁娶不必厚。

【译文】

对待他人应该宽容，唯独对待自己的子孙不能骄纵；往来赠礼应该丰厚，唯独办婚事时不能过于铺张。

第一七九则

事但观其已然[1]，便可知其未然[2]；人必尽其当然[3]，乃可听其自然[4]。

【注释】

[1] 但：只，仅。已然：已经发生的情况。

[2] 未然：尚未发生的情况。

[3] 当然：应当这样，应做的事情。

[4] 听其自然：任其自然发展。

【译文】

遇事只要观察它已经表现出来的情况，就能预测到还没发生的情况；一个人一定要先尽到自己的责任，才能听任事情自然地发展。

第一八〇则

观规模之大小，可以知事业之高卑[1]；察德泽之浅深[2]，可以知门祚之久暂[3]。

【注释】

[1] 高卑：崇高和卑下。

[2] 德泽：恩德，恩惠。

[3] 门祚（zuò）：家世的福运。《新唐书》卷一六三《柳玭传》："丧乱以来，门祚衰落，基构之重，属于后生。"久暂：长久还是短暂。

【译文】

观察规模的大小，就能知道事业本身是崇高还是卑下；观察对人恩惠的多少，就能知道其家世的福运是长久繁华还是昙花一现。

第一八一则

义之中有利，而尚义之君子，初非计及于利也；利之中有害，而趋利之小人，并不顾其为害也。

【译文】

符合道义的事中也存在利益，而崇尚道义的君子，最初并不会考虑是否有利可图；利益中又包藏着危害，而贪图利益的小人，却不会顾及其中的危害。

第一八二则

小心谨慎者，必善其后[1]，畅则无咎也[2]；高自位置者，难保其终，亢则有悔也[3]。

【注释】

［1］必善其后：一定能善始善终。善后，本指事前考虑周密，事后则可以无患。《孙子·作战》："夫钝兵挫锐，屈力殚货，则诸侯乘其弊而起，虽有智者，不能善其后矣。"后来指事情发生后，妥善处理遗留问题为善后。

［2］畅则无咎：通达而没有过失。咎，过失，罪过。

［3］亢则有悔：居高位的人要以骄傲自满为戒，否则就会有败亡的灾祸。亢，至高，这里指高傲。

【译文】

小心谨慎的人，做事一定会善始善终，因为通达所以不会有过失；身处高位的人，难以保证永不犯错，一旦高傲失职就会招来败亡的灾祸。

第一八三则

耕所以养生[1]，读所以明道[2]，此耕读之本原也[3]，而后世乃假以谋富贵矣[4]；衣取其蔽体，食取其充饥，此衣食之实用也，而时人乃藉以逞豪奢矣[5]。

【注释】

[1] 养生：摄养身心，以期保健延年。《庄子·养生主》："吾闻庖丁之言，得养生焉。"

[2] 明道：明白事理。《汉书·贾山传》："忠臣之事君也，言切直则不用而身危，不切直则不可以明道。"

[3] 本原：也做"本源"，根源，本意。《左传·昭公九年》："犹衣服之有冠冕，木水之有本原，民人之有谋主也。"

[4] 假：因，凭，凭借。

[5] 逞：显露，炫耀。

【译文】

耕种用来摄养身心，读书用来明白事理，这是耕种与读书的本意，而后世的人却借它们来谋求富贵；衣服本是用来遮蔽身体的，食物本是用来充饥的，这是衣食的实际用途，而现在的人却借它们来炫耀自己的富贵奢华。

第一八四则

人皆欲贵也，请问一官到手，怎样施行？人皆欲富也，且问万贯缠腰，如何布置？

【译文】

人人都想要地位显贵，请问一旦谋得官职，将如何施行权力？人人都希望富裕，请问一旦家财万贯，又要如何使用呢？

第一八五则

文、行、忠、信[1]，孔子立教之目也，今惟教以文而已；志道、据德、依仁、游艺[2]，孔门为学之序也，今但学其艺而已。

【注释】

[1] 文、行、忠、信：孔子的施教科目和内容。文，指诗书礼乐等典籍。

[2] 志道、据德、依仁、游艺：孔门治学的次序。语出《论语·述而》："志于道，据于德，依于仁，游于艺。"志道，立志于道义。据德，拥有高尚的道德。依仁，依仁义的品德立世。游艺，指儒家的礼、乐、射、御、书、数六种技艺，六艺是陶冶情操、安身立命的本领。

【译文】

文、行、忠、信是孔子教育学生的主要科目，但是如今只教授诗书礼乐等典籍了；志道、据德、依仁、游艺是孔门治学的次序，而如今人们只学习技艺罢了。

第一八六则

隐微之衍[1]，即干宪典[2]，所以君子怀刑也[3]；技艺之末，无益身心，所以君子务本也[4]。

【注释】

［1］隐微：隐蔽而细微的。衍：过失。

［2］干：违反。宪典：法律。

［3］君子怀刑：语出《论语·里仁》："子曰：'君子怀德，小人怀土；君子怀刑，小人怀惠。'"怀刑，指畏刑律而守法。

［4］君子务本：语出《论语·学而》："君子务本，本立而道生。"务本，致力于根本。

【译文】

一点隐蔽而细微的过失，就可能会违反法律，因此君子常常畏惧刑律而守法；技艺是学问的末流，对身心没有好处，因此君子只致力于根本的学问。

第一八七则

士既知学，还恐学而无恒[1]；人不患贫[2]，只要贫而有志。

【注释】

[1] 无恒：没有恒心。

[2] 患：担心，忧虑。

【译文】

读书人已经有了向学之心，还应担心自己没有坚持学习的恒心；人不忧虑贫困，只要在贫困的同时还有志气就好。

第一八八则

用功于内者，必于外无所求；饰美于外者，必其中无所有。

【译文】

注重培养内在修养的人，必然会对身外之物没有很多奢求；极力夸饰外在华美的人，必然没有多少内在涵养。

第一八九则

盛衰之机[1]，虽关气运[2]，而有心者必贵诸人谋[3]；性命之理[4]，固极精微[5]，而讲学者必求其实用[6]。

【注释】

[1] 机：关键。指人生或事物所存在的期限，也指人生或事物发展变化的趋势。

[2] 气运：气数，命运。

[3] 贵诸人谋：看重人的谋划。贵，重视，看重。谋：计划，谋划。

[4] 性命之理：中国古代哲学的范畴，讲究天命天理的学问，即形而上学的道理。

[5] 精微：精细而微妙。

[6] 讲学者：讲求这种学问的人。

【译文】

兴盛与衰亡的关键，虽然与命运有关，但是有心的人一定更加看重人的谋划；关于天命的道理，固然是非常精细微妙的，但是讲求这种学问的人必然要让它能够适用于实际生活。

第一九〇则

鲁如曾子，于道独得其传[1]，可知资性不足限人也[2]；贫如颜子，其乐不因以改[3]，可知境遇不足困人也。

【注释】

［1］鲁如曾子，于道独得其传：《论语·子路》："柴也愚，参也鲁。"鲁，愚拙，迟钝。曾子（前505—前435），春秋时鲁国人，名参，字子舆。孔子的弟子。他勤奋好学，颇得孔子真传。积极推行儒家主张，传播儒家思想，并在修身和躬行孝道上颇有建树，是孔子学说的主要继承人和传播者，在儒家文化中居承上启下的重要地位，被后世尊为"宗圣"。其事迹散见于《论语》以及《史记·仲尼弟子列传》。

［2］资性：天资，天性。

［3］贫如颜子，其乐不因以改：《论语·雍也》："子曰：'贤哉回也！一箪食，一瓢饮，在陋巷，人不堪其忧，回

也不改其乐。贤哉回也。’”颜子，即孔子的学生颜回。

【译文】

像曾子那样愚拙的人，尚且能够在学问上得到孔子的真传，可见天资并不足以限制人的发展；像颜回那样贫困的人，尚且没有因此而改变自己的快乐，可见境遇并不足以困住人的快乐。

第一九一则

敦厚之人，始可托大事，故安刘氏者，必绛侯也[1]；谨慎之人，方能成大功，故兴汉室者，必武侯也[2]。

【注释】

[1]“敦厚之人”四句：《史记·高祖本纪》：“周勃重厚少文，然安刘氏者必勃也。”刘氏，指以汉高祖刘邦为开创者的汉室皇族。绛侯，指西汉的开国功臣周勃。周勃（？—前169），沛县（今属江苏）人。少以编织蚕箔为生。后随刘邦起义，以军功为将军，封绛侯。后吕后掌权，吕后之侄吕产、吕禄分掌南北军。吕后死后，周勃与陈平等共谋诛诸吕，迎文帝即位。其事迹见《史记》、《汉书》。

[2]“谨慎之人”四句：诸葛亮《出师表》：“先帝知臣谨慎，故临崩寄臣以大事也。”武侯，即三国时蜀汉政治家、军事家诸葛亮。诸葛亮（181—234），字孔明，阳都人。隐居隆中，自比管仲、乐毅，人称卧龙。后在刘备三顾茅

庐的诚恳聘请下，出山辅佐刘备，联吴抗曹，帮助刘备建立蜀汉政权，遂与吴、魏成三足鼎立之势。刘备称帝后，封他为丞相。刘备死后，诸葛亮辅佐后主刘禅，以丞相封武乡侯，兼领益州牧。整官制、修法度，志复中原，与魏相攻战。后死于五丈原军中，年五十四岁，谥为忠武侯。《三国志》有传。

【译文】

诚实敦厚的人，才能被托付重大的事，因此能够安定汉室的人，必定是周勃；谨慎小心的人，才能成就大功业，因此能够兴复汉室的人，必定是诸葛亮。

第一九二则

以汉高祖之英明，知吕后必杀戚姬，而不能救止[1]，盖其祸已成也；以陶朱公之智计，知长男必杀仲子，而不能保全[2]，殆其罪难宥乎[3]？

【注释】

[1]以汉高祖之英明，知吕后必杀戚姬，而不能救止：刘邦始立吕后之子为太子，后因宠爱戚姬，喜爱其子如意，遂欲改立如意为太子。吕后深忌之。张良献计让吕后请出商山四皓陪侍太子，刘邦素重此四人而不能致，见其陪侍太子，遂知太子羽翼已成，放弃改换太子的念头，对戚夫人说："吕后真而主矣。"刘邦死后，戚姬母子被吕后所害。汉高祖，即刘邦，西汉开国皇帝。吕后（前241—前180），名雉，汉高祖刘邦的皇后，惠帝刘盈的母亲。曾助刘邦诛杀韩信、彭越等异姓王。刘邦死后，惠帝即位，她实际掌权，杀害戚姬及其子赵王如意。惠帝死后，她临

朝称制，主政八年，迫害刘姓诸侯王，排斥刘邦旧臣，立诸吕为王，以其侄吕产、吕禄分掌南北军。吕后死后，周勃与陈平等尽灭诸吕，拥立文帝，恢复了刘氏政权。戚姬，刘邦宠姬戚夫人。刘邦死后，吕后毒死赵王如意，截断戚夫人的手足，挖眼熏耳，饮以哑药，置于厕中，名曰人彘。救止，解救阻止。

[2] 以陶朱公之智计，知长男必杀仲子，而不能保全：范蠡辅佐越王勾践灭吴后，因深知越王为人不可共安乐而弃官离去，至定陶，自称朱公，以经商致富。其次子在楚杀人，将被处死，乃欲令少子往救之。其长子坚决要求前去，范蠡不得已，乃付之千金并书信一封，嘱其至楚找庄生。庄生果设法让楚王大赦。范蠡长子不知为庄生所为，惜其千金，向庄生讨回。庄生怒，遂使楚王杀范蠡次子之后才大赦。长子持其弟之丧归，范蠡曰："吾固知必杀其弟也……前日吾所为欲遣少子，固为其能弃财故也，而长者不能，故卒以杀其弟。"陶朱公，即范蠡，字少伯，楚国宛人，越国大夫。辅佐越王勾践灭吴后弃官经商，居于陶，自谓陶朱公，曾于十九年中三致千金。其子孙经营繁息，遂至巨万。后因而以"陶朱公"称富者。见《史记》。仲子，次子。古代兄弟排行常以伯仲叔季为序。

[3] 殆：可能，大概。宥（yòu）：宽恕，饶恕。

【译文】

以汉高祖的英明，知道自己死后吕后必然会杀害戚夫人，却也无法解救阻止，大概是因为祸患已经酿成了；以陶朱公的才智，知道长子必定会连累次子被杀，却也无法保全次子性命，大概是次子的罪行本来就难以被宽恕吧？

第一九三则

处世以忠厚人为法，传家得勤俭意便佳。

【译文】

为人处世应该效仿忠诚敦厚的人，传承家业能本着勤俭节约的想法就好。

第一九四则

紫阳补《大学·格致》之章[1]，恐人误入虚无，而必使之即物穷理[2]，所以维正教也[3]；阳明取孟子良知之说[4]，恐人徒事记诵[5]，而必使之反己省心[6]，所以救末流也[7]。

【注释】

[1] 紫阳：即南宋理学大家朱熹，晚年主讲紫阳书院，人称紫阳先生。《大学·格致》之章：《大学》中有“致知在格物”语，朱熹注释“格物”即穷尽事物之理，无不知晓之意。

[2] 即物穷理：程朱理学的主要范畴之一。认为理在物先，物是理的表现形式，要根据具体事物穷究出真正的道理。

[3] 维正教：维护正统名教。

[4] 阳明：即王守仁（1472—1528），字伯安，浙江

余姚人。明代哲学家、政治家、军事家、教育家。弘治十二年（1499）进士。正德初年因触犯宦官刘瑾，被贬官。刘瑾被诛后，任广陵知县，累擢右佥都御史，巡抚南赣，总督两广。曾镇压农民起义，又平定宁王朱宸濠之乱，官至南京兵部尚书，封新建伯，卒谥文成。王守仁主张以“心”为本体，提倡“良知良能”，“格物致知，自求于心”，反对朱熹的“外心以求理”，提出“求理于吾心”的知行合一说，世称姚江学派，以其曾筑室于故乡阳明洞，学者称之为阳明先生，也称其学派为阳明学派。后人辑其文刻成《王文成全书》三十八卷，《明史》有传。

［5］徒：只，仅。

［6］反己省心：反省自己的本心。

［7］末流：本指河水的下游，后指衰乱时代的不良风气。

【译文】

朱熹注释《大学·格致》一章时，担心人们因误解而走入虚无，所以让人必须多去穷究事物背后的道理，以此来维护孔门的正统教义；王阳明吸取了孟子的良知学说，担心人们仅仅背诵不求理解，所以一定要让人反省自己的内心，以此来挽救衰乱社会中的不良风气。

第一九五则

人称我善良则喜，称我凶恶则怒，此可见凶恶非美名也，即当立志为善良；我见人醇谨则爱[1]，见人浮躁则恶，此可见浮躁非佳士也，何不反身为醇谨。

【注释】

［1］醇谨：淳厚，谨慎。醇，朴实，厚重。

【译文】

别人夸赞我善良我就感到欣喜，说我凶恶我就感到愤怒，由此可见凶恶不是美好的名声，应该立志做善良的人；我见到别人淳厚谨慎就会喜欢他，见到别人心浮气躁就会讨厌他，由此可见心浮气躁不是好人该有的特点，为什么不转而做淳厚谨慎的人呢。

第一九六则

处事要宽平[1]，而不可有松散之弊；持身贵严厉，而不可有激切之形[2]。

【注释】

[1] 宽平：宽厚而平稳。

[2] 激切：激动，激烈。

【译文】

为人处世要宽厚而平稳，但是不要有松懈散漫的毛病；修养自身贵在严于律己，但是不可以有过分激烈的行为。

第一九七则

天有风雨，人以宫室蔽之；地有山川，人以舟车通之。是人能补天地之阙也[1]，而可无为乎？人有性理，天以五常赋之[2]；人有形质[3]，地以六谷养之[4]。是天地且厚人之生也，而可自薄乎？

【注释】

[1] 阙：不足，缺陷。

[2] 五常：指古代儒家要求的五种道德修养，即仁、义、礼、智、信。五常又指五伦，即君臣、父子、兄弟、夫妇、朋友之间的五种关系。

[3] 形质：形体。

[4] 六谷：指稻、黍、稷、粱、麦、菰（gū）的合称。一说指稻、粱、菽、麦、黍、稷的合称。

【译文】

天会刮风下雨，人可以建造房屋来遮蔽；大地有高山大河，人可以利用船和车来通行无阻。既然人力可以补救天地造物的缺憾，我们又怎能碌碌无为虚度一生呢？人有内在的天性，上天就赋予人类仁、义、礼、智、信五种道德修养来承续；人有外在的形体，大地就用稻、粱、菽、麦、黍、稷六种谷物来滋养。天地尚且厚待人的生命，人又怎么能妄自菲薄呢？

第一九八则

人之生也直，人苟欲生[1]，必全其直；贫者士之常，士不安贫，乃反其常。进食需箸[2]，而箸亦只悉随其操纵所使，于此可悟用人之方；作书需笔，而笔不能必其字画之工，于此可悟求己之理。

【注释】

[1] 苟：如果，假如。

[2] 箸（zhù）：筷子。

【译文】

人有正直的天性，如果要生存，就必须保全这种正直；贫困是贤士的生活常态，如果贤士不能安于贫困，就是违背了常理。吃饭需要用筷子，而筷子也只能随着人的操纵而运动，由此我们可以体悟出用人的方法；写字需要用笔，但是笔本身并不能使字迹工巧，由此可以体悟出凡事要反求诸己的道理。

第一九九则

家之富厚者[1]，积田产以遗子孙，子孙未必能保；不如广积阴功[2]，使天眷其德，或可少延。家之贫穷者，谋奔走以给衣食，衣食未必能充；何若自谋本业[3]，知民生在勤，定当有济[4]。

【注释】

[1] 富厚：物质财富雄厚。

[2] 阴功：犹言阴德。指暗中有德于人的功业。

[3] 本业：本职工作。

[4] 济：改善。

【译文】

物质财富雄厚的家庭，给子孙积累下田地、产业，子孙却未必能够将其保全；倒不如广泛地积累阴德，使上天眷顾这份阴德，也许还能延续其富贵的家业。贫穷的家庭，即便打算四处奔走以谋求衣食，衣食也未必够用；倒不如踏实地做好本职工作，要知道百姓生活的要义在于勤奋，只要坚持下去就一定能够改善自己的处境。

第二〇〇则

言不可尽信，必揆诸理[1]；事未可遽行[2]，必问诸心。

【注释】

［1］揆（kuí）：揣度，判断。

［2］遽（jù）行：仓猝地去做。遽，仓猝。

【译文】

对于别人说的话不能全部相信，一定要用常理来揣度衡量；遇事不要仓猝去做，一定要先问问自己的良心。

第二〇一则

兄弟相师友，天伦之乐莫大焉[1]；闺门若朝廷[2]，家法之严可知也。

【注释】

[1] 天伦之乐：泛指家庭的乐趣。天伦，旧指父子、兄弟等亲属关系。李白《春夜宴桃李园序》："会桃李之芳园，序天伦之乐事。"

[2] 闺门：本指城墙之小者，后指内室之门，也指家门。

【译文】

兄弟之间互为师友，这就是最大的家庭乐趣；家中像朝廷一般严谨，由此能看出家法的严格。

第二〇二则

友以成德也[1]，人而无友，则孤陋寡闻，德不能成矣；学以愈愚也[2]，人而不学，则昏昧无知[3]，愚不能愈矣。

【注释】

[1] 成德：成就德业。

[2] 愈愚：医治愚昧无知。愈，治愈，医治。

[3] 昏昧无知：愚昧无知，不明事理。

【译文】

交友可以帮助德业进步，人如果没有朋友，就会孤陋寡闻，德业难以成就；学习可以医治愚昧无知的毛病，人如果不学习，就会愚昧无知，以至于无药可救。

第二〇三则

明犯国法，罪累岂能幸逃？白得人财，赔偿还要加倍。

【译文】

明明知道却还故意触犯国法，罪过怎么能够轻易逃脱？平白无故得到别人的钱财，恐怕到时候还要加倍偿还。

第二〇四则

浪子回头，仍不惭为君子；贵人失足[1]，便贻笑于庸人。

【注释】

[1] 失足：丧失节操。《礼记·表记》："君子不失足于人。"比喻失败、堕落或丧失节操，如言"一失足成千古恨"。

【译文】

浪荡子弟如果能改正错误，仍然可以做个俯仰无愧的君子；高贵的人一旦丧失节操，便连庸碌愚昧的人都会嘲笑他。

第二〇五则

饮食男女，人之大欲存焉[1]，然人欲既胜，天理或亡[2]。故有道之士，必使饮食有节，男女有别。

【注释】

［1］饮食男女，人之大欲存焉：语出《礼记·礼运》："饮食男女，人之大欲存焉；死亡贫苦，人之大恶存焉。"饮食男女，指人类对吃喝和情爱的需求。大欲，主要的欲望。

［2］天理：天道，后来也指良心。

【译文】

对于饮食与情爱的需要，是人类主要而且正当的欲望，然而人欲如果凌驾于一切之上，天道恐怕就要衰亡。所以有道德修养的人，一定会让饮食有所节制，男女有所分别。

第二〇六则

东坡《志林》有云[1]："人生耐贫贱易，耐富贵难；安勤苦易，安闲散难；忍疼易，忍痒难；能耐富贵、安闲散、忍痒者，必有道之士也。"余谓如此精爽之论[2]，足以发人深省，正可于朋友聚会时，述之以助清谈[3]。

【注释】

[1] 东坡：即苏轼（1037—1101），字子瞻。眉州人。北宋神宗时因反对王安石变法自出为杭州通判，后因诗语有诽谤朝廷之嫌，被贬黄州，筑室于东坡，自号东坡居士。哲宗时召还，为翰林学士，曾知登州、杭州、颍州，官至礼部尚书。哲宗绍圣年间又被贬谪惠州、琼州，后赦还，第二年死于常州。谥号文忠。苏轼的文章纵横奔放，诗歌飘逸不群，词开豪放一派，书画亦有名。著有《易传》、《书传》、《论语说》、《仇池笔记》、《东坡志林》等。后人辑其诗文奏议等为《东坡七集》一百一十卷。《宋史》有传。《志

林》：即《东坡志林》，苏轼自元丰至元符年间历时二十余年撰写的一部手稿，共二百零三篇，内容丰富。其文则长短不拘，或千言或数语，而以短小为多。皆信笔写来，挥洒自如。从中可以窥见东坡的学养、思想、世界观等诸多方面。

［2］精爽：精当而爽直。

［3］清谈：清雅的言谈、议论，又指公正的舆论。

【译文】

苏轼在《东坡志林》中写道："人生耐得住贫贱容易，耐得住富贵却很难；安于勤劳辛苦容易，安于闲适散淡却很难；忍受疼痛容易，忍受瘙痒却很难；如果连富贵、安闲和瘙痒都能忍耐住的人，一定是相当有修为的人。"我认为这么精当爽直的议论，足够发人深思，恰好能够在朋友聚会时，说出来给大家的讨论助兴。

第二〇七则

余最爱《草庐日录》有句云[1]："淡如秋水贫中味，和若春风静后功[2]。"读之觉矜平躁释[3]，意味深长。

【注释】

[1]《草庐日录》：吴与弼著。吴与弼，字子傅，号康斋。明代思想家。

[2] 淡如秋水贫中味，和若春风静后功：清贫中的滋味像秋日流水般淡泊明净，安静下来的心情像春日微风般和煦舒畅。

[3] 矜平躁释：自负之心得以平息，浮躁之气得以消解。矜，自负贤能。

【译文】

我最喜欢《草庐日录》中的一句话："淡如秋水贫中

味，和若春风静后功。”读后觉得自负之心和浮躁之气都渐渐平和消释，句中的意味实在是深远悠长。

第二〇八则

敌加于己，不得已而应之，谓之应兵，兵应者胜；利人土地[1]，谓之贪兵，兵贪者败。此魏相论兵语也[2]。然岂独用兵为然哉？凡人事之成败，皆当作如是观[3]。

【注释】

［1］利人土地：贪图占有别人的土地并以之为利。

［2］魏相论兵：魏相（？—前59），西汉济阴定陶（今属山东）人，字若翁。少学《易》，初为茂陵令，后迁河南太守。宣帝时为丞相，总领众职，与丙吉同心辅政，皆为皇帝所重，封高平侯。据《汉书·魏相丙吉传》记载，汉元康时，匈奴遣兵击汉屯田车师，久攻不下。汉宣帝和后将军赵充国等商议，欲因匈奴衰弱之际出兵击其右地，使匈奴不敢复扰西域。魏相上书阻谏，奏章上有论兵之语："臣闻之，救乱诛暴，谓之义兵，兵义者王；敌加于己，

不得已而起者，谓之应兵，兵应者胜；争恨小故，不忍愤怒者，谓之忿兵，兵忿者败；利人土地货宝者，谓之贪兵，兵贪者破；恃国家之大，矜民人之众，欲见威于敌者，谓之骄兵，兵骄者灭。此五者，非但人事，乃天道也。间者匈奴常有善意，所得汉民辄奉归之，未有犯于边境，虽争屯田车师，不足致意中。今闻诸将军欲兴兵入其地，臣愚不知此兵何名者也。今边郡困乏，父子共犬羊之裘，食草莱之实，常恐不能自存，难以动兵。'军旅之后，必有凶年'，言民以其愁苦之气，伤阴阳之和也。出兵虽胜，犹有后忧，恐灾害之变因此以生，今郡国守相多不实选，风俗尤薄，水旱不时。案今年计，子弟杀父兄，妻杀夫者，凡二百二十二人，臣愚以为此非小变也。今左右不忧此，乃欲发兵报纤介之忿于远夷，殆孔子所谓'吾恐季孙之忧不在颛臾而在萧墙之内'也。愿陛下与平昌侯、乐昌侯、平恩侯及有识者详议乃可。"汉宣帝最后听从了魏相的谏言而停止了攻打匈奴的计划。

［3］当作如是观：应当用这种观点去看待。

【译文】

敌人来攻击自己，不得已而出兵迎战的，叫做"应兵"，应兵的一方容易获胜；贪图别人的土地而出兵占领的，叫做"贪兵"，贪兵的一方一定会失败。这是魏相论述兵法所讲过的话。然而，难道只有用兵打仗才是如此吗？但凡人事的成败，都应当用这种观点来看待啊。

第二〇九则

凡人世险奇之事，决不可为，或为之而幸获其利，特偶然耳[1]，不可视为常然也。可以为常者，必其平淡无奇，如耕田读书之类是也。

【注释】

[1] 特：只是，但。

【译文】

凡是世上惊险、离奇的事情，绝对不能做，即使做了并且侥幸获利，那也只是偶然的情况罢了，不能将其看做常态。可以看作常态的，一定是平淡无奇的，比如耕田、读书之类的事情。

第二一〇则

忧先于事故能无忧，事至而忧无救于事，此唐史李绛语也[1]。其警人之意深矣，可书以揭诸座右[2]。

【注释】

［1］李绛（764—830）：唐代赞皇（今属河北）人，字深之，元和中拜相，历仕宪、穆、敬、文诸朝。为官敢言直谏，无所迁就，以直道为进退。太和初，出为山南、西道节度使，奉旨募兵千人赴四川讨逆，被杨叔元乱军所害。后人辑其生前论谏文字为《李相国论事集》六卷。《旧唐书》、《新唐书》有传。

［2］揭诸座右：题写在座位的右边，作为鼓励和鞭策自己的格言。即作为座右铭。

【译文】

在事情到来之前思虑，随后才可以免于忧患，等到事情来了才担忧，对解决问题没有好处，这是唐代李绛说过的话。这句话警策世人的意味很深，可以写下来作为座右铭了。

第二一一则

尧、舜大圣[1]，而生朱、均[2]。瞽、鲧至愚[3]，而生舜、禹[4]。揆以余庆余殃之理，似觉难凭。然尧、舜之圣，初未尝因朱、均而灭。瞽、鲧之愚，亦不能因舜、禹而掩[5]，所以人贵自立也。

【注释】

[1] 尧、舜：二者都是父系氏族社会后期部落联盟的领袖，也是传说中中国上古时代的两个贤能君王。尧，名放勋，号陶唐氏，史称唐尧。舜，名重华，号有虞氏，史称虞舜。

[2] 朱、均：分别是尧和舜的儿子。朱，指尧的儿子丹朱，名朱，因受封于丹水故名。均，指舜的儿子商均，封于虞。尧和舜分别知道自己的儿子荒淫傲慢，不够贤能，因而尧禅位于舜，舜禅位于禹。

[3] 瞽（gǔ）：指舜的父亲瞽叟，传说瞽叟曾与其后妻

及舜的弟弟象谋害舜。鲧（gǔn）：指禹的父亲，传说因治水无功而被杀。至愚：极其愚笨。

[4] 禹：传说是夏后氏部落的首领，帝颛顼的曾孙，他的父亲名鲧，母亲为有莘氏女修已。姒姓，名文命。相传大禹治黄河水患有功，受舜禅让而继帝位，成为夏的开国之君，后人尊称为大禹，亦称夏禹。禹是传说时代与尧舜齐名的圣贤帝王。

[5] 掩：掩盖。

【译文】

尧、舜是上古的大圣人，却生下丹朱和商均这样不肖的儿子。瞽、鲧极其愚笨，却生下舜和禹这样的圣人。用善人给子孙留德泽，恶人给子孙留祸殃的道理，似乎很难说得通。然而尧、舜的圣明，本来就没有因为丹朱和商均的不肖而湮灭；瞽、鲧的愚笨，也不能因为舜和禹的贤明而掩盖，所以说人最重要的是要自立自强。

第二一二则

程子教人以静[1]，朱子教人以敬[2]，静者心不妄动之谓也，敬者心常惺惺之谓也[3]。又况静能延寿，敬则日强，为学之功在是，养生之道亦在是，静敬之益人大矣哉，学者可不务乎?

【注释】

［1］程子：指北宋理学家程颐、程颢，世称二程，洛阳人。程颐（1033—1107），字正叔，世称伊川先生；程颢（1032—1085），字伯淳，世称明道先生。兄弟二人俱受教于周敦颐，同为北宋理学的创立者。

［2］朱子：即南宋理学家朱熹。

［3］惺惺：清醒，机警。

【译文】

程子教人要沉静，朱子教人要持敬，沉静指的是心境安宁不乱，持敬指的是心中清醒恭敬。更何况沉静能使人延年益寿，持敬让人日日精进，做学问的关键工夫就在这里，养生之道也在于此，沉静、持敬对人的好处这么大，学者怎么能不致力于此呢？

第二一三则

卜筮以龟筮为重[1]，故必龟从筮从乃可言吉[2]。若二者有一不从，或二者俱不从，则宜其有凶无吉矣。乃《洪范》稽疑之篇[3]，则于龟从筮逆者，仍曰作内吉。于龟筮共违于人者，仍曰用静吉。是知吉凶在人，圣人之垂戒深矣。人诚能作内而不作外，用静而不用作，循分守常[4]，斯亦安往而不吉哉！

【注释】

［1］卜筮（shì）：古时占卜，用龟甲称卜，用火灼龟甲取兆，以预测吉凶，后来用其他方法预测未来，也叫做卜；用蓍草占休咎称筮，合称卜筮。

［2］龟从筮从：龟卜和筮卜都顺从。

［3］《洪范》稽疑之篇：传说周武王灭商后，箕子曾向其陈述天地之大法，后被传录下来，取名《洪范》，后来成为《尚书》中的一篇，近人疑为战国时人假托之作。

在《洪范》所记录的九种治国大法中，第七种就是稽疑，是关于依赖占筮的决策。汉儒所盛行的“天人感应”说，常以《洪范》为立论根据。

［4］循分守常：遵循本分，安守常道。

【译文】

占卜时以龟甲占卜和蓍草占卜的结果为主，因此必须龟卜和筮卜都顺从才能说是吉祥之兆。如果二者有一个不顺从，或都不顺从，就应该说是有凶而无吉了。而《洪范》稽疑这一篇，则把龟卜顺从而筮卜相违背的情况，仍然称为“作内吉”。把龟卜和筮卜都与人意相违背的，仍称作“用静吉”。由此可知，是吉是凶主要取决于人，圣人的教诲与告诫已经很深刻了。如果人真的能够做到吉凶之事不求取于外物，能够守静而不妄为，遵遁本分安守常道，这样就会无往而不利了。

第二一四则

每见勤苦之人绝无痨疾[1]，显达之士多出寒门，此亦盈虚消长之机[2]，自然之理也。

【注释】

［1］痨疾：即痨病，结核病。

［2］盈虚消长：盈满后就会走向亏损，消耗尽了就会转为增长，这就是物极必反、此消彼长的道理。

【译文】

常看到辛勤劳苦的人绝对不会得痨病，功名显达的人大多出身于寒门，这也可以看做是物极必反、此消彼长的自然道理。

第二一五则

欲利己，便是害己；肯下人[1]，终能上人[2]。

【注释】

[1] 下人：居于他人之下。

[2] 上人：居于他人之上。

【译文】

想要做对自己有利的事，往往却会害了自己；肯居于他人之下，最终才能高居人上。

第二一六则

古之克孝者多矣[1]，独称虞舜为大孝[2]，盖能为其难也；古之有才者众矣，独称周公为美才[3]，盖能本于德也。

【注释】

[1] 克孝：能够尽孝道。克，能。

[2] 虞舜为大孝：相传舜的父亲瞽叟在舜的生母死后，另娶后妻而生了象，瞽叟和后妻因独爱小儿子而容不下舜，两人一心想谋害舜，但是舜仍能恪守孝道，友爱自己的弟弟，这是常人很难做到的，因此后世称舜为大孝。

[3] 周公：西周初年政治家，姓姬，名旦，又称叔旦。曾辅佐武王伐商，武王死后，成王年幼，周公摄政。平定管叔、蔡叔与武庚的叛乱，并制定礼乐等典章制度，其贤能颇为后世称誉。

【译文】

古代能够尽孝道的人很多，而唯独称虞舜是大孝之人，是因为他在尽孝时能做到常人难以做到的事；古代有才能的人很多，而唯独称周公是美才，是因为他能以高尚的品德为根本。

第二一七则

不能缩头者，且休缩头；可以放手者，便须放手。

【译文】

在道义上不能退缩的事，就不要退缩逃避；在理智上应该放手的事，就要放手不想。

第二一八则

居易俟命[1]，见危授命，言命者，总不外顺受其正[2]；木讷近仁[3]，巧令鲜仁[4]，求仁者，即可知从入之方。

【注释】

[1] 居易俟（sì）命：指处于平易不危的境况以等待效命的时机来临。语出《礼记·中庸》："故君子居易以俟命。"俟，等待。

[2] 顺受其正：顺天理正道而行，接受的便是正命。语出《孟子·尽心上》："莫非命也，顺受其正。是故知命者不立乎岩墙之下。尽其道而死者，正命也；桎梏死者，非正命也。"

[3] 木讷（nè）近仁：质朴不善言辞就接近"仁"了。语出《论语·子路》："刚毅木讷，近仁。"讷，不善于讲话。

[4] 巧令鲜仁：以动听之言和献媚之态以取悦于人就

算不上“仁”了。语出《论语·学而》:“巧言令色，鲜矣仁。”

【译文】

君子处于平易不危的情况等待效命的时机，一旦国家有难便奉献自己的生命去挽救，讲命运的人，总不外乎顺应天理正道而行；为人质朴不善言辞就接近仁德了，而花言巧语讨人喜欢的人却往往没有什么仁心，寻求仁德的人，由此可知进入仁道的途径。

第二一九则

见小利，不能立大功；存私心，不能谋公事。

【译文】

眼中只有小利益，就不能成就大功业；心中存着为自己谋利的念头，就不能为公众办事。

第二二〇则

正已为率人之本，守成念创业之艰。

【译文】

端正自己的行为是为他人做表率的基础，在事业的守成阶段要回想当初创业的艰辛。

第二二一则

在世无过百年，总要作好人、存好心，留个后代榜样；谋生各有恒业，那得管闲事、说闲话，荒我正经工夫。

【译文】

人生在世不过百年，总应该做个好人、心存善念，给后代树立学习的榜样；谋生养家的人们各自有稳定的事业，哪有精力管无关紧要的事、说无关紧要的话，荒废了正经工作。